RESEÑAS
ELOGIOS PARA "T.R.I.A.L.S. : UN VIAJE DE LA ANSIEDAD A LA PAZ"

"Para la mayoría de las personas en la actualidad, la crisis actual a la que nos enfrentamos es la prueba más difícil que han experimentado en sus vidas. Desde una perspectiva humana, la paz no es algo a lo que lleguemos de repente. No aparece de pronto en nuestros corazones o nuestras vidas. Chase Turner ha escrito una obra maestra. Toda persona que haya experimentado ansiedad en su vida debería leer: 'T.R.I.A.L.S: Un viaje de la ansiedad a la paz'. De una manera simple y clara, Chase nos ayuda a emprender el viaje hacia la paz. Nos da sugerencias bíblicas y prácticas que nos ayudarán a pasar de una vida llena de ansiedad a una vida llena de paz."

Jeff Jenkins, Ministro, Iglesia de Cristo en Lewisville

"Chase Turner es un maravilloso hombre de Dios y su corazón por el pueblo de Dios fluye a través de las páginas de este libro. En la página 4, Chase escribe: "Las personas más felices y exitosas del mundo son las que sirven a los demás". Chase ha hecho esa su misión. T.R.I.A.L.S. es una vista muy práctica, fácil de digerir, pero completa, de una de las mayores dolencias comunes a toda la humanidad: la ansiedad. Ya sea por matrimonio, paternidad, finanzas o nuestra salud, T.R.I.A.L.S. presenta el problema y una solución para manejar nuestra ansiedad de una manera más efectiva. ¡Serás bendecido con este libro!"

Chris McCurley, Ministro, Iglesia de Cristo en Oldham Lane

"He trabajado en el campo de la salud mental durante 23 años. He leído innumerables libros, artículos y trabajos de todo tipo sobre cómo lidiar con la ansiedad y la depresión. Creo que el libro de Chase Turner es uno de los mejores recursos que he leído sobre este tema. Vale tu tiempo. Estoy agradecido al incluir este libro en mi biblioteca y lo recomiendo encarecidamente tanto a los profesionales en el campo como a cualquiera que desee aprender más sobre el tema o abordarlo en su propia vida. ¡Bien hecho Sr. Turner!"

Dr. Mark Finton, Departamento de Servicio Para Niños

"El capítulo sobre finanzas vale el costo del libro. Muchas familias se derrumban debido a la mala administración del dinero, lo que causa aún más ansiedad. Este es un libro de sentido común. Un buen regalo para tus seres queridos".

Dudley Chacey, PHD, Profesor de Ministerio,
Universidad de Oklahoma Christian

"Cuando aparecen los sentimientos de ansiedad no deseados, a menudo es el resultado de que alguna parte de mi vida está desequilibrada. Ya sea en mi matrimonio, mi salud o mi fe, las malas decisiones o la negligencia probablemente conducirán a alguna forma de estrés. Agradezco a Chase por crear un recurso oportuno para ayudarme no solo a identificar las áreas que pueden generar ansiedad, sino también a tomar medidas para abordarlas. TRIALS es una lectura atractiva llena de maneras prácticas para mantener todas las áreas de la vida en armonía".

Kathy Pollard (autor de *Return to Me* [*Regresa a Mí*])

"Con la ansiedad en aumento y plagando la vida de tantas personas, nunca antes ha habido tal necesidad de herramientas que ayuden a las personas a soportar sus dificultades y a superarlas. T.R.I.A.L.S. de Chase Turner es una de esas herramientas. Una mezcla equilibrada de las Escrituras, sabiduría comprobada y aplicación práctica. T.R.I.A.L.S. es un mapa empoderador para la conciencia personal y un activo valioso para el futuro. Desde una consideración de la causa de la ansiedad hasta una solución paso a paso, Chase ofrece un plan viable y alcanzable para vivir sin estrés ni preocupaciones. El acrónimo sugerido, T.R.I.A.L.S., sirve como algo más que un apodo o un mantra, es un recurso de recordatorio a medida que uno se va encontrando con varias pruebas. La escritura es simple, clara y comprensible, pero también es desafiante y estimula los pensamientos".

Wayne Roberts (Autor, Fundador de *His Shoes Her Shoes* [*Los Zapatos de Él Los Zapatos de Ella*])

En su libro, TRIALS - Un viaje de la ansiedad a la paz, mi amigo Chase Turner se basa en la experiencia para mostrarnos la importancia de desarrollar un estilo de vida saludable y una salud mental saludable en todos los aspectos de la vida. Chase ha proporcionado un recurso increíblemente urgente, claro y convincente que ayudará a los cristianos de todo el mundo a ser fuertes en su fe y capaces de vivir como hijos de Dios en la cultura actual. Este libro nos da confianza para superar nuestras ansiedades en cada área de nuestra vida. Chase nos da una perspectiva de lo que sucede cuando aprendemos a creer en las promesas de Dios y su palabra de él. Aprecio mucho este libro y lo que Chase ha compartido con el mundo".

Trey Morgan, Ministro Principal, Iglesia de Cristo en Childress, Texas (Autor, *10 Maneras Para Un Matrimonio Más Fuerte*, y *Sabiduría Para Tu Matrimonio*)

"Utilizo TRIALS en mi salón de clases y en estudios de grupos pequeños. Es la manera perfecta de enseñar habilidades esenciales de estilo de vida y reducción del estrés básico de una manera fácil e informativa. Chase tiene la 'habilidad dada por Dios' para ir al grano (juego de palabras intencionado). Mis estudiantes de último año de secundaria disfrutan de leer sus materiales y abre nuevas puertas de discusión en el aula. ¡Es perfecto para todas las edades!"

Jayme Stokes, MEd, LPC, Master en Educación, Consejero Profesional Licenciado, Director e Instructor de Psicología Universitaria

"No puedo imaginar el reto que significa abordar de manera práctica, accesible e informativa para quien lo lea un tema tan difícil como la ansiedad y la salud mental.

He estado en la profesión de la salud mental durante más de 20 años y he practicado terapia durante 11 años. Realmente puedo decir que este libro lo clava con una delicadeza que solo un autor talentoso que se preocupa genuinamente por la gente podría hacerlo.

Con un enfoque y una entrega auténticos y realistas repletos de habilidades y herramientas para el lector, T.R.I.A.L.S. de Chase Turner ofrece una descripción importante de las dificultades que la ansiedad y el estrés pueden causar en la vida cotidiana al mismo tiempo que lo capacita con las habilidades y el conocimiento para superarlo.

No tengo ninguna duda de que este libro será un recurso tanto para los profesionales de la salud mental como para quienes padecen ansiedad y estrés.

Definitivamente, este es un autor al cual hay que seguir y personalmente he agregado este libro a mi biblioteca de recursos de asesoramiento".

Julius Melvin Jeffries, ELD, C-GC, Consejero Profesional Licenciado

"2020 fue todo menos un año de visión 20/20. Las escuelas, iglesias, empresas, hospitales, organizaciones y comunidades se vieron obligadas a "refugiarse en el lugar", "distanciarse socialmente", "enmascararse" y "pivotar", todo en un año desgarrador y preocupante. Más de 500.000 vidas se perdieron debido al virus del COVID-19. Las empresas se declararon en quiebra, mientras que algunas iglesias cerraron sus puertas para siempre. Las tasas de suicidio se dispararon y los expertos en salud del comportamiento informaron más crisis de salud mental que nunca. La pandemia fue física y psicológica, lo que obligó a Estados Unidos a aprender una lección difícil. Independientemente de la edad, carrera, género o estado socioeconómico, todos necesitan paz. Una píldora espiritual para dominar el poder de la ansiedad.

En su libro, T.R.I.A.L.S.: Un Viaje de la Ansiedad a La Paz, Chase Turner aborda con valentía lo profundo con una sencillez magistral. Él bendice a sus lectores dándoles esperanza y brinda pasos prácticos para descubrir y vivir una vida administrada y sin estrés, mientras exalta el nombre de Jesús. Este es un libro imprescindible para todo discípulo serio que anhela la tranquilidad y la serenidad de Dios. Chase abre la puerta a una nueva vida".

Jacob Hawk, Ministro de Jóvenes Adultos, Iglesia de Cristo
en Preston, Dallas, TX

"La ansiedad es quizás la aflicción de salud mental más común de todas. Como clínico, profesor universitario y pastor, busco constantemente recursos a los que pueda orientar a mis estudiantes, clientes y amigos para ayudarlos a superar sus luchas relacionadas con la ansiedad. Encontré muchos recursos que explican lo qué es la ansiedad o de dónde proviene, pero hasta que encontré TRIALS (hace aproximadamente un año), no había encontrado un texto que ofreciera un método práctico, sencillo y fácil de entender para superar la ansiedad en áreas diferentes de vida. Chase Turner combina la experiencia personal con la sabiduría práctica de una manera que reducirá efectivamente la ansiedad en todas personas que estén dispuesto a leer TRIALS y poner en práctica el método TRIALS. Se lo he referido a varias personas a este texto con excelentes resultados. Simplemente, no puedo exagerar lo útil que ha sido este libro en mi práctica y en mi mandato como profesor. Muy recomendable."

Trenton D. Langhofer, PhD, LPC Clinic Director, Colorado Christian
University Adjunct Professor, Colorado Christian University
Teaching Minister, Trace Church

T.R.I.A.L.S.

UN VIAJE DE LA
ANSIEDAD A LA PAZ

CHASE TURNER

Traducido por Diego Rojas

KAIO PUBLICATIONS, INC.

T.R.I.A.L.S.: Un Viaje de la Ansiedad a la Paz

Copyright © 2021
Chase Turner

Published by Kaio Publications
http://www.kaiopublications.org

Impreso y Encuadernado en los
Estados Unidos de América
Todos los Derechos Reservados

La Escritura es tomada de la Versión Reina-Valera 1960
Derechos Reservados © 1960.

ISBN: 978-1-952955-06-8

TABLE OF CONTENTS

RECONOCIMIENTOS

Sin duda alguna, Dios y su palabra son la raíz del material en este libro. Si el contenido puede ayudar a cualquier persona a lidiar con el estrés y la ansiedad, que la gloria sea para Dios. Me siento muy honrado que alguien considere leer mis opiniones acerca de este tema.

A mi bella esposa y familia, oro para que mi ejemplo diario refleje la mentalidad necesaria para vivir sin ansiedad. Mi vida es bendecida y es más fácil gracias a su amor y motivación. ¡Los amo más de lo que se imaginan!

A mis padres, gracias por darme una dirección, un ejemplo y una comprensión del papel que Dios tiene en la existencia humana. Soy un producto de la educación que me dieron.

A mi papá, Bob Turner, Jayme Stokes, Kathy Pollard, Jeff Jenkins, Chris McCurley, Mark Finton, Wayne Roberts, Trent Langhofer, Julius Jeffries, Jacob Hawk, Joe Wells, Dudley Chauncey, Rod Nealeigh, Trey Morgan, Spencer Hawks y todos los miembros de mi junta en TGI, gracias por leer, revisar y realizar innumerables ediciones para ayudar en este proyecto. A Kim McPherson, gracias por su constante ayuda y por poner esto en marcha desde el primer día. Estoy en deuda con todos ustedes.

Para Billy Branch, todo el mundo necesita un vecino y un mejor amigo como tú. Llegaste en un momento en que necesitaba un amigo que me ayudara a evitar agregar estrés a mi vida y te aprecio a ti y a tu familia más de lo que crees.

Para Tommie Harris Jr., tu historia es inspiradora. Tus amables palabras sobre cómo este libro tocó tu vida son más alentadoras de lo que puedo expresar. Gracias por el apoyo y la amistad. Quizás algún día incluso nos veamos en persona.

A Nayane, Diego, Christophe y Anna, gracias por las muchas horas que han dedicado a traducir este libro para que llegue a muchos en todo el mundo. Oro para que su arduo trabajo bendiga a muchos y que, como resultado, ustedes sean bendecidos.

A Joe y al equipo de Kaio Publishing Inc., gracias por su confianza en el contenido y su talento para armar el producto final.

Para ti, querido lector, si estás lidiando con ansiedad patológicamente diagnosticada, el contenido de este libro no es para avergonzarte ni hacerte creer que el diagnóstico fue tu elección; tampoco está destinado para ayudarte a curar un diagnóstico clínico de ansiedad. Si necesitas ayuda profesional para las circunstancias con las que lidias, por favor comunícate con aquellos que pueden ayudarte. No estás solo, ni tienes que enfrentar esta lucha solo. Si deseas oraciones, mi correo electrónico es chase@trialsbook.com. Puedes enviarme un mensaje en cualquier momento y dejaré de hacer lo que estoy haciendo para orar por ti. Espero que, al leer este material, los principios del libro te guíen en tus relaciones y te ayuden a evitar agregar más estrés o ansiedad en tu caminata diaria.

Para aquellos que no han sido diagnosticados con ansiedad, pero se sienten ansiosos en su diario vivir, les pido que lean con la mente abierta y la disposición de aceptar que tienen el control de gran parte de esta lucha. Que Dios te conceda la sabiduría y el valor para tener la capacidad y el deseo de elegir la vulnerabilidad y la fe por encima de la ansiedad. ¡Puedes hacerlo! Estaré orando por ti al comenzar este viaje.

PREFACIO
por 3-time *NFL Pro Bowl Selection* Tommie Harris Jr.

¿Por dónde empezar? ¿Cómo expresas tu agradecimiento por poder leer y escribir sobre un libro que tiene la capacidad de cambiar tu vida y la vida de quienes te rodean? Tengo que empezar antes del momento en que conocí a Chase porque nuestra amistad surgió como resultado de una tragedia en mi vida. Estaba viviendo un sueño hecho realidad con mi carrera de 8 años en la NFL. Fui seleccionado para el Pro Bowl de la NFL tres veces y tenía todo lo que podía soñar.

En 2012, mi esposa falleció repentinamente durante un procedimiento médico de rutina. Tenía 28 años y yo no pude hacer nada para salvarla. En ese momento, me di cuenta de lo valiosas que son la vida y las relaciones y lo insignificantes que son nuestras posesiones y el papel que juegan en nuestra vida. Estaba acostumbrado a afrontar grandes cosas en la vida, pero nada como esto. Desde entonces, he hablado de lo importante que es para nosotros valorar el aliento que Dios ha puesto en nosotros. Cada. Simple. Aliento.

Di un discurso en la Celebración del Evangelio del Súper Tazón 2018 sobre la pérdida de mi esposa 41 días después de casarnos. Ha circulado en varias plataformas y hace aproximadamente 2 años, recibí un correo electrónico de Chase donde me expresaba sus condolencias y motivación.

En su correo electrónico, firmó su nombre debajo de estas palabras, "Por causa de la cruz". Su bondad y conexión con Jesús me tocó, un completo extraño que no quería obtener nada a cambio excepto a un amigo y hermano. Unos días después, me encontré leyendo una verdadera obra maestra, "T.R.I.A.L.S.: Un viaje de la ansiedad a la paz".

De principio a fin, Chase comparte historias personales con aplicaciones prácticas de cómo ha llevado su vida, evitando el estrés diario y la ansiedad generalizada que todos enfrentamos. No pasó mucho tiempo para terminar de leer el libro y comenzar a ponerlo en práctica. Estoy muy agradecido de haber encontrado un recurso que hace que superar la dificultad sea una opción viable dentro de todas nuestras relaciones.

Como ex-deportista y empresario, a menudo me encuentro en reuniones con personas que presentan situaciones de alto estrés. En el fondo, la mayoría de las reuniones fracasan cuando hay una falta de honestidad y transparencia en la mesa. En unas pocas semanas, comencé a incorporar los seis principios descritos en T.R.I.A.L.S. y pude tener una paz en estas reuniones, independientemente del resultado. Como dice el libro, no puedes cambiar a otras personas, pero puedes cambiar la forma en que respondes a situaciones estresantes, evitando así gran parte de la ansiedad de la vida.

Este principio por sí solo lo cambia todo. Cuando puedes ser tú mismo con los demás, se forma un vínculo que es difícil de negar. La mayor parte de la ansiedad se produce en las relaciones, por lo que debemos seleccionar en cuáles relaciones podemos invertir. Este libro habla de ese fin y describe la mejor manera de desarrollar relaciones en todas las áreas de la vida. Tener la mentalidad de T.R.I.A.L.S. nos ayuda a desarrollarnos como cónyuges, padres, amigos, empleados e incluso como completos extraños.

A veces, nos sentimos estresados por el lugar que ocupamos en el mundo. Aprender a simplificar la vida nos ayuda a evitar la constante necesidad que sentimos de compararnos con los demás. Chase analiza la idea de la normalidad y la vida comparativa de una manera que te involucrará de inmediato en los primeros capítulos y te llevará hasta el final del libro.

A medida que te sumerges en este libro, verás una comprensión bíblica profunda junto con maneras prácticas para mejorar tu vida en toda área. TRIALS te equipará con herramientas para obtener una paz que realmente sobrepasa todo entendimiento. ¿Quieres que la "paz que sobrepasa todo entendimiento" guarde tu corazón y tu mente en Cristo Jesús? Aprende valiosas lecciones de mi amigo y hermano sobre lo que Dios quiere para tu vida diaria. Cuanto más te acercas a Jesús, más te alejas de la ansiedad. Totalmente recomiendo este libro porque es posible vivir sin ansiedad, así como nos lo enseña nuestro Maestro. Este es uno de los mejores recursos para ayudarte a conseguir eso.

Oro para que este libro bendiga tu vida como ha tocado la mía. Un libro eterno para todas las edades, lleno de métodos que nos recuerdan a todos que, incluso cuando nos sentimos sin control, Dios siempre tiene el control.

Por causa de la cruz,

Tommie Harris Jr.

3 Time NFL Pro Bowler, entrepreneur,

country music artist, and motivational speaker

PREFACIO ORIGINAL
10 de Junio del 2019

¿Cómo te preparas para una oportunidad de esta magnitud? Decir que estoy orgulloso es una declaración muy modesta. Decir que soy bendecido es inadecuado. Decir que estoy agradecido es deficiente. Pocos padres tienen el honor y, al mismo tiempo, el desafío de expresar lo que es indescriptible e inconmensurable. El ejemplo de Chase, como se describe en este libro, inspira a todos los que lo conocen a mejorar en todos los ámbitos de la vida. Su capacidad para tomar situaciones cotidianas que a menudo resultan en estrés y ansiedad, mientras comparte soluciones de sentido común, solo resalta aún más la importancia de su ejemplo.

Como padre de Chase, no puedo pensar en un privilegio mayor que poder recomendarte este libro. Desde el primer capítulo hasta el último, te resultará difícil soltar el libro. Cada capítulo describe un área específica que produce estrés y a menudo conduce a la ansiedad. El estrés es inevitable, pero la forma en que lidiamos con el estrés marca la diferencia. Con el fin de lidiar con el estrés de manera adecuada, Chase desarrolló el método T.R.I.A.L.S. (el significado de la palabra "trials" en inglés es "pruebas"). A lo largo de estas páginas, Chase demuestra cómo el método T.R.I.A.L.S. funciona para abordar el estrés y superar la ansiedad.

A diferencia de los libros que solo se centran en estadísticas, filosofía o datos científicos, T.R.I.A.L.S. representa la vida de un hombre que vive constantemente lo que ha escrito. Su vida es un testimonio del valor del método que ha desarrollado. He visto a Chase crecer y desarrollarse como cristiano, esposo y padre. Lo he visto acercarse con éxito a cada área de la vida aplicando el método T.R.I.A.L.S. Te beneficiarás de la misma manera.

En una nota personal, después de leer T.R.I.A.L.S., comencé a aplicarlo en mi propia vida. Me sorprendió la relevancia que se encuentra en cada palabra. Puedo decir con confianza que, independientemente de tu edad, género, estado civil, ocupación, formación académica o posición social, este libro te ayudará. Serás bendecido al leerlo porque su base es bíblica, la información es real, las ilustraciones son verdaderas y la aplicación proporciona maneras prácticas de abordar los desafíos del estrés y eliminar la ansiedad.

¡Disfrútalo!

Bob Turner (papá)

INTRODUCCIÓN A T.R.I.A.L.S.

Si te dijera que la solución para dejar atrás la ansiedad y tener días positivos y llenos de alegría es tan fácil como leer este breve libro, ¿me creerías? No te preocupes, yo tampoco. Sin embargo, espero que te unas a mí en un viaje para ver si puedes convencerte de que la ansiedad es una opción que todos podemos elegir soportar o dejar ir.

Muchísimas áreas de nuestra vida nos causan ansiedad, estrés, preocupación, depresión, etc. Cuando consideramos todos los puntos detonantes de estos desafíos que enfrentamos, debemos encontrar la raíz o el núcleo de lo que provoca todos estos sentimientos y emociones negativas. Una de las luchas fundamentales con las que todos lidiamos es el deseo de ser normal. Nunca queremos que otros nos miren y piensen que no somos "normales" o mejor dicho "como ellos" (desde nuestra propia perspectiva). Cuando miramos el mundo que nos rodea, ¿no encontramos el grupo más grande de personas que parecen ser similares y luego tratamos de ser como ellos porque son los "normales"? Pareciera como que eso ni tiene sentido, pero muchas personas viven de esa manera. ¿Realmente queremos ser como todos los demás?

Vivir sin ansiedad es un concepto bíblico y debería ser una realidad para todos nosotros. En Mateo 6:25–34, Jesús da un breve sermón acerca de la ansiedad en la vida. La palabra "preocupación" aparece seis veces en estos pocos versículos. Jesús pudo haber tenido muchas razones para preocuparse o tener ansiedad en su vida. A pesar de saber de antemano lo que iba a sufrir, eligió el camino de la cruz. Estas son las credenciales necesarias para decirnos que no nos preocupemos. El contexto en el que esto fue escrito ciertamente es diferente de nuestro mundo

1

actual, pero todavía se puede hacer mucha aplicación para ayudarnos a superar la ansiedad que viene con las decisiones diarias que nos vemos obligados a tomar. Jesús dice que no hay que preocuparse por alimento, vestido y tiempo, pero la aplicación no se limita solo a estas tres áreas. Si hacemos una aplicación práctica de este mandamiento, debemos incluir alimento, vestido, tiempo, automóviles, viviendas y muchas otras cosas que nos rodean en la actualidad.

El apóstol Pablo es otro autor que tiene las credenciales para escribir acerca de cómo vivir la vida sin preocupaciones. Él escribe su carta a la iglesia en Filipos desde su cárcel en Roma esperando si lo ejecutarían o lo pondrían en libertad. Él dice en Filipenses 4:6–7: "Por nada estéis afanosos, sino sean conocidas vuestras peticiones delante de Dios en toda oración y ruego, con acción de gracias. Y la paz de Dios, que sobrepasa todo entendimiento, guardará vuestros corazones y vuestros pensamientos en Cristo Jesús".

Deja que las primeras palabras penetren, "por nada estéis afanosos". ¿Cuántos de nosotros hemos intentado realmente poner en práctica estas palabras? ¿Cuántos de nosotros hemos tenido éxito en el proceso? En cuanto a la aplicación, ¡estas podrían ser algunas de las palabras más desafiantes que leemos en la Biblia!

Por lo menos, espero que memoricemos este versículo mientras aprendemos a reducir el estrés y eliminar la ansiedad en nuestras vidas. Este versículo se ha convertido en el mantra o la guía para mi vida, y espero que te motive a darte cuenta que no tienes que vivir con ansiedad. Para muchos de nosotros, en nuestra búsqueda por ser normales, hemos puesto una enorme cantidad de estrés en nosotros mismos. Vivimos en un mundo que promueve la vida estresante. La cultura en la que vivimos dicta cuáles deben ser nuestros deseos y necesidades, y, por alguna razón, los escuchamos. ¿Por qué? La respuesta más simple es INSEGURIDAD. Examinaremos esta idea con más detalle en las próximas páginas, pero el concepto es lo opuesto a la satisfacción. Con demasiada frecuencia aceptamos como un hecho que la ansiedad es inevitable. Se nos enseña que debemos aprender a vivir con ella en lugar de intentar prevenirla. Vivimos apresuradamente y la vida se mueve de una manera tan rápida que no siempre estamos seguros de dónde comienza y cuándo termina. Cuanto menos tiempo percibimos que tenemos, más estrés nos ponemos para lograr todo en nuestra lista de tareas pendientes.

En Las Crónicas de Narnia, El Sobrino del Mago, C. S. Lewis escribe: "Lo que ves y escuchas depende en gran medida de dónde estés posicionados. También depende de qué tipo de persona eres". Hay mucha verdad en estas pocas palabras de Lewis, especialmente en la última oración. Quienes somos determina dónde estamos posicionados. ¿Realmente sabemos quiénes somos? Si no lo hacemos, es difícil saber dónde estamos posicionados. Esta confusión o falta de confianza en quiénes somos tiene el potencial de causar inestabilidad y estrés en nuestras vidas.

> *"Cambia la forma en que miras las cosas y las cosas que miras cambian"* – Wayne Walter Dyer

Wayne Walter Dyer fue un filósofo estadounidense, autor de recursos de autoayuda y un orador motivador de vida. Su primer libro, Tus Zonas Erróneas, es uno de los libros más vendidos de todos los tiempos, con un estimado de 35 millones de copias vendidas hasta la fecha. Es conocido por decir: "Cambia la forma en que miras las cosas y las cosas que miras cambian" (Dyer). ¿Queremos que nuestras circunstancias o nuestro entorno cambien? Quizás si cambiamos la forma en que los vemos, cambiarán por sí solos. Este es un principio fundamental que analizaremos en cada aspecto de este libro: el crecimiento requiere un cambio.

La realidad es que cuando se trata de ansiedad, esta es una decisión. Si has conocido a alguien que parece tener poco o cero estrés, imagino que has pensado una de estas dos opciones:

1. ¡Qué falso! ¡Esta es la persona más presumida que he conocido! ¡No hay forma que no tenga ansiedad!

Probablemente mucha gente es así. Ponen un espectáculo cuando están en público, pero en su mente, están completamente perdidos. Pueden tener un nivel de ansiedad muy intenso en su hogar, empleo, dificultades financieras, etc., pero nunca lo reflejan porque estas personas ocultan su ansiedad.

2. ¡Cómo quisiera poder ser como ellos! ¡Desearía no tener ansiedad en mi vida!

Lo creas o no, hay personas así. Algunas personas lidian con el estrés de una manera que no les causa ansiedad. Esta debe ser nuestra meta.

La percepción es la clave. Lo que una persona percibe como estrés puede no parecerle estrés al prójimo. En el primer capítulo, discutiremos la diferencia entre el estrés y la ansiedad. Esto nos permitirá comprender el punto de vista que debemos tener para evitar los posibles desastres mentales y, a veces, físicos que se producen debido al estrés autoinfligido.

El objetivo de alcanzar la felicidad y el éxito va de la mano con tener cantidades mínimas de estrés y ansiedad en tu vida. Una gran cantidad de investigación nos demuestra cómo el estrés nos afecta internamente, externamente, financieramente, en nuestro matrimonio, en nuestro trabajo, la forma como criamos a nuestros hijos, nuestra fe y la forma en que experimentamos dolor. En toda mi lectura, he aprendido que puedes encontrar investigaciones en ambos lados de casi todos los temas para apoyar la verdad que elijas creer. La mayor parte es subjetiva. Debido a que la mayor parte de mi lectura indicó que la mayoría de las investigaciones no son concluyentes, decidí no incluirlo en este libro. Prefiero no verme a mí mismo ni a los demás como una estadística. Las estadísticas no son personales, pero nosotros sí somos personales. No quiero que nos comparemos con los demás para ver cuál estadística nos define. En cambio, quiero compartir con ustedes lo que ha funcionado para mí y mi familia y cómo hemos reducido el estrés en nuestra vida. Espero que nuestra solución pueda ayudarte en tu batalla contra el miedo, la ansiedad y el estrés que pueden estar infestando tu caminata diaria.

Las personas más felices y exitosas son aquellas que sirven a los demás. Sería negligente si no subrayo mi fe a lo largo de este libro porque es mi creencia en algo mucho más grande que yo lo que me permite vivir con muy poco estrés y sin ansiedad. Sin excepción, Jesucristo es el líder más alentador y exitoso del mundo. Ya sea que creas en Dios o no, es difícil negar el impacto que Jesús y sus enseñanzas continúan teniendo hoy, unos 2.000 años después de haber caminado sobre la tierra.

He dado mi mayor esfuerzo para vivir mi vida confiando en que Dios cuide de mí y de mi familia mientras yo, con su ayuda, guío el barco de la vida que tenemos el privilegio de navegar. Cuando nos encontramos satisfaciendo las necesidades de nuestra familia, miembros de la iglesia y amigos, descubrimos que ayudar a otros a abordar el estrés en sus vidas alivia un poco nuestra propia ansiedad.

El método T.R.I.A.L.S. (en español PRUEBAS) me ha ayudado en mi viaje para ayudar a otros a reducir el estrés en su vida. He desarrollado este acróstico con la esperanza de ayudarnos a todos a encontrar formas prácticas de superar situaciones estresantes y ansiedad.

T = Transparencia

R = Responsabilidad

I = Intencionalidad

A = Aprecio

L = Límites

S = Simplificar

Al final de cada sección, veremos formas prácticas de implementar estos principios para reducir los niveles actuales de estrés. Entender T.R.I.A.L.S. tiene el potencial de traer una gran cantidad de alegría a tu vida. Te motivo a mantener una mente abierta y ser optimista sobre la posibilidad de reducir gran parte de tu estrés y eliminar la ansiedad de tu rutina diaria. ¡El poder de elegir se encuentra dentro de ti!

PREGUNTAS A CONSIDERAR:

1. ¿Cuál de las acciones en el método T.R.I.A.L.S. es más difícil para ti? ¿Por qué?

2. ¿Cuál de las acciones en el método T.R.I.A.L.S. es más fácil para ti? ¿Por qué?

CAPÍTULO 1

¿QUÉ ES EL ESTRÉS Y DE DÓNDE VIENE?

Cuando era niño, me encantaba leer las historietas cómicas de Archie. Recuerdo haber ido a ventas de garaje cuando vivíamos en Canadá y encontrar una caja de revistas de Archie que valían $0.25 cada una. Compré la caja entera. Parecía que todos los que conocía en la escuela eran uno de los personajes. No estaba seguro de cuál personaje era yo, pero sabía que quería ser Moose. Si pudiera escoger, quería ser alto, tener músculos grandes y tener una novia que pudiera llevar con un brazo. Quería ser atractivo y demasiado seguro de mí mismo. A una temprana edad, (sin saberlo) me puse expectativas poco realistas porque los objetivos que establecí requerían elementos fuera de mi control. Si bien pude controlar la autoconfianza, aprendí rápidamente que los otros objetivos que establecí determinaron mi nivel de autoconfianza. Sin embargo, mi altura, peso y conseguir a la pequeña novia no estaban bajo mi control. ¡También estresé a otras personas que aún ni conocía! Sin darnos cuenta, la mayoría de nosotros nos estresamos a una edad muy temprana.

A medida que envejezco, quiero desesperadamente decir que vivir sin estrés y ansiedad se vuelve más fácil, pero desafortunadamente aún requiere mucho esfuerzo. El año pasado, me pidieron dar una conferencia en Minnesota. Si continúas leyendo, verás que me esfuerzo por vivir un estilo de vida muy minimalista. Debido a que la conferencia era un sábado, tomé un vuelo el viernes por la noche y planeé regresar el domingo por la tarde. Para evitar tener que llevar equipaje de bodega, puse mi traje en una percha y llevé un maletín de mano con todos mis elementos esenciales. ¡Cuando desperté el sábado por la mañana, mis pantalones no estaban allí! Se habían caído de la percha en algún lugar del avión o del aeropuerto, y me quedé solamente con una chaqueta del traje de vestir y los jeans que llevaba puestos en el avión. Empecé a pensar en todas las posibilidades de dónde estaban mis pantalones, pero realmente no importaba porque no había forma de recuperarlos antes de dar mi charla. Entonces comencé a pensar en lo que los demás pensarían de mí hablando con jeans y una chaqueta de traje de vestir, y el estrés comenzó a aumentar y aumentar.

Lamentablemente, comencé a fingir que podía leer la mente de todos los que asistieron. Sabía exactamente lo que iban a pensar de mí, por lo menos eso pensaba. Le di mucho valor a sus opiniones, y ni siquiera conocía a estas personas. Me imagino que todos hemos hecho esto en algún momento de nuestras vidas.

Aunque la mayoría de los diccionarios definen el estrés como la presión o tensión ejercida sobre alguna cosa o un estado de tensión mental o emocional resultante de circunstancias adversas o muy exigentes, estas definiciones no mencionan un factor crucial: el origen de la presión o tensión. ¿Por qué? ¡Para la mayoría de las personas, la lista sería tan larga que requeriría volúmenes de libros para incluir todas las posibilidades! La razón por la que tendríamos listas tan largas y diferentes es por la circunstancia y la percepción.

No voy a decirte que todo el estrés está en tu cabeza, pero ¿no es ahí donde está? ¿No es presión el hecho que nos impongamos a nosotros mismos para ser de cierta manera, para realizar una tarea determinada, para estar en un lugar determinado o para tener ciertas cosas? ¿Dónde se origina nuestra percepción si no es en nuestra cabeza? Uno de los beneficios del estrés es que la gente no puede verlo a menos que lo permitamos. Los problemas surgen porque tienden a crear impostores de muchos de nosotros. Nos convertimos en marionetas controladas por nuestro deseo interno de asegurarnos de que todos piensen que todo en nuestra vida está bajo control.

Desafortunadamente, las redes sociales también juegan un papel importante en perpetuar la falsa realidad. ¿Con qué frecuencia se retrata la realidad en Facebook, Instagram, Twitter, etc.? ¿Cuántas fotos tomamos antes de encontrar la sonrisa perfecta? ¿Cuántas instantáneas de vacaciones felices mostramos al mundo para que todos sepan que fue un viaje perfecto cuando la realidad es que dos personas de nuestra familia estuvieron enfermas la mitad del tiempo? No mencionaré que también llovió en los momentos más inconvenientes, y perdí los estribos con mi hijo o hija de cuatro años porque él o ella estaba actuando como un niño o una niña de cuatro años. Si no estuviéramos tan preocupados con lo que otros piensan de las decisiones que tomamos y de cuán buenos o malos fueron nuestros días, ¿cómo podríamos ocupar nuestro tiempo?

Otro atributo debilitante de esta espiral descendente que creamos dentro de nosotros mismos es que nos hace creer que no tenemos otra opción. La confusión interna creada por nuestra psique equivocada funciona en contra de nosotros hasta que explotamos. Lamentablemente, estas explosiones tienden a lastimarnos a nosotros y a las personas más cercanas a nosotros. Quizás la peor parte de todo es que la explosión no es una solución al problema, sino simplemente un producto.

Cuando nos damos cuenta del poder que tenemos dentro de nosotros mismos para controlar nuestra reacción a las circunstancias, podemos entender que no tenemos que vivir con ansiedad. Sin embargo, esto también produce que desafortunadamente nos demos cuenta de que elegimos vivir con ansiedad.

¿DE DÓNDE VIENE EL ESTRÉS?

A diferencia de la creencia popular, nuestras reacciones al estrés son una decisión, no una obligación. Una de las mayores luchas en la vida es la fuente de nuestro estrés. Cuando consideramos las decisiones que tomamos cada día, ¿cuáles son los factores influyentes más importantes?

El emperador romano, Marco Aurelio, dijo: "Muchas veces me he preguntado cómo es que cada hombre se ama más a sí mismo que al resto de los hombres, pero a pesar de todo, le da menos valor a sus propias opiniones de sí mismo que a las opiniones de otros " (Meditaciones, Marco Aurelio).

Este pensamiento pinta una imagen de una realidad que la mayoría de nosotros vivimos. ¡Qué triste es vivir cada día dando permiso a nuestros amigos, compañeros de trabajo, miembros de la iglesia y al público en general (a quienes realmente no conocemos personalmente) para determinar qué vestimos, cómo lo vestimos, qué decimos y cómo lo decimos! Incluso influyen en nuestra crianza de los hijos, las finanzas, el ejercicio (si es que hacemos ejercicio) y nuestra comida. La verdad más triste de todo esto es que la mayoría de las personas a quienes damos este poder no les importa en absoluto lo que estamos haciendo, comiendo, vistiendo, etc.

> *"Muchas veces me he preguntado cómo es que cada hombre se ama más a sí mismo que al resto de los hombres, pero a pesar de todo, le da menos valor a sus propias opiniones de sí mismo que a las opiniones de otros."*
> *– Marco Aurelio*

La mayoría de nosotros admitiríamos que nos amamos, al menos en cierta medida. ¡Yo sí lo admitiría! Me imagino que también admitiríamos que estamos más preocupados por lo que otros piensan de nosotros que por lo que pensamos de nosotros mismos. Incluso estaría dispuesto a apostar, a veces, que nos importan más las opiniones de aquellas personas quienes no nos agradan más de lo que nos importa nuestra propia opinión.

Cuando vivimos así, si no somos afirmados en las decisiones que tomamos, nuestra autoestima se desploma. La baja autoestima es un detonador de nuestras propias percepciones negativas. Una de las claves para superar las percepciones negativas es la confianza. Para que podamos creer en nosotros mismos, debemos encontrar la capacidad de superar el valor que le damos a las opiniones de los demás. ¿Sería posible despertar mañana y tener menos preocupación por lo que otros piensan de nosotros? ¿Pensar menos en las opiniones que nos rodean crea menos estrés en nuestras vidas? Es un paso en la dirección correcta. No sugiero de ninguna manera que debemos ser irrespetuosos con nadie, pero deberíamos tener un poco de respeto y valor por nuestra propia opinión. La forma en que vivimos enseña mucho a los demás sobre quiénes somos, pero nuestros pensamientos nos enseñan la misma lección.

¿Cómo completarías estas declaraciones?

Tendría menos estrés si tuviera más _____.

Tendría menos estrés si _____.

Corro los fines de semana con un par de amigos, y nuestras conversaciones nunca son aburridas. Les pedí que llenaran estos espacios en blanco, y recibí dos respuestas muy diferentes. Uno de ellos dijo que tendría menos estrés si no se ofreciera voluntariamente para hacer tantas cosas. El otro dijo que tendría menos estrés si no estuviera casado y no tuviera hijos.

Tuve que sonreír ante estas dos respuestas. Ambos admitieron estar en control de sus circunstancias. Comprender cómo superar este estrés tiene que ver con las decisiones que ellos podían tomar. En caso de que alguna vez lean este libro, debo decir

"Más de cualquier cosa viene a costa de algo."

que ambos están felizmente casados y que no cambiarían a sus esposas e hijos por menos estrés. El punto del comentario del segundo amigo es que el estrés proviene de la presión que él ejerce sobre sí mismo mientras cuida y provee para su familia. Puede ser difícil.

Si podemos completar cualquiera de estos espacios en blanco y saber con certeza que podríamos eliminar parte del estrés en nuestra vida, sugeriría que algo de estrés es voluntario. La clave es completar el espacio en blanco con un objetivo realista que podemos lograr para eliminar el estrés de nuestra vida. Por ejemplo, si digo: "Tendría menos estrés si tuviera más tiempo", debo preguntarme: "¿Cómo puedo tener más tiempo?" Como todos tenemos la misma cantidad de tiempo, esto requiere sacrificar tiempo en una parte menos estresante de la vida para que tengamos más tiempo para lidiar con las otras áreas de la vida que nos causan ansiedad. Tenemos el control de las áreas por las que decidimos preocuparnos.

Las dos respuestas más comunes a estas preguntas se relacionan con nuestro deseo de tener más tiempo y dinero. La pregunta entonces es: "¿Cómo obtengo más tiempo y dinero?" Si estos se convierten en nuestro enfoque, probablemente nunca estaremos contentos. Cada vez que decimos sí a alguien o algo, decimos no a alguien u otra cosa. Más de cualquier cosa viene a costa de algo. Debemos priorizar.

En cuanto a la gestión del tiempo, me encanta cómo Mark Zuckerberg ahorra tiempo en decisiones que realmente no son importantes. En un artículo publicado en el sitio web independent.co.uk/news, se le preguntó al joven de 31 años por qué sus atuendos nunca cambiaron. Él dijo: "Realmente quiero aclarar mi vida para que tenga que tomar la menor cantidad de decisiones posible sobre cualquier cosa, excepto cómo servir mejor a esta comunidad". Continuó diciendo: "Estoy en esta posición tan afortunada, donde me despierto todos los días y ayudo a atender a más de mil millones de personas. Y siento que no estoy haciendo mi trabajo si gasto mi energía en cosas que son tontas o frívolas en mi vida". El artículo dice que Zuckerberg tiene un valor estimado de 37.5 mil millones de dólares estadounidenses. ¿Te imaginas valer tanto dinero y usar una camiseta gris lisa para trabajar todos los días?

¡¿No es gracioso cómo convertimos algo tan simple como elegir qué ponernos en algo tan estresante?! Hace años, mientras me preparaba para enseñar una clase Bíblica un domingo por la mañana, pensé: "¿Me puse esta ropa la semana pasada?" ¡Qué bendición darse cuenta de que realmente no importaba! Me gusta verme bien, pero nuestra ropa es tan insignificante. Mi preocupación por lo que otros puedan pensar acerca de lo que me pongo semana a semana en la iglesia no debería ser un factor en la forma en que me veo. ¿Realmente nos importa cómo se visten los demás? No debería Tampoco debería importarnos si a alguien le importa nuestra ropa.

En su libro, Niño Rico, Niño Listo, Robert T. Kiyosaki habla sobre una reunión que tuvo con Kathy Kolbe, la creadora del índice Kolbe. El índice Kolbe es un cuadro basado en las respuestas del objetivo a una serie de preguntas para evaluar sus instintos. Kolbe tenía muy poca información sobre Kiyosaki antes de su reunión. Ella solo había leído los resultados de sus respuestas. Durante su conversación, ella pudo deducir una gran cantidad de información sobre él relacionada con su infancia, sus gustos, disgustos y cómo prefería aprender. En medio de su conversación, Kiyosaki le preguntó cómo definía el éxito. Ella respondió: "Defino el éxito como la libertad de ser uno mismo" (Kiyosaki, p 198). Esta es una de las grandes definiciones que, cuando se aplica, nos ayudará a reducir el estrés de manera significativa.

El éxito, o como dice Kolbe "libertad de ser uno mismo" significa que somos honestos, honestos con los demás y honestos con nosotros mismos. Esta es una de las características más difíciles de desarrollar porque la mayoría de nosotros tenemos problemas, pero los guardamos como secretos. Los secretos causan ansiedad. Una de las bendiciones de ser parte de una familia, un grupo comunitario o la iglesia es que estos grupos existen para ayudarnos. Sin embargo, a menudo nos ponemos una máscara y respondemos la pregunta "¿cómo estás hoy?" con el estándar "estoy bien, ¿y tú?" Y pasamos a la siguiente persona. Las personas no están familiarizadas con nuestros problemas, y nosotros no estamos familiarizados con los suyos porque no somos abiertos y honestos entre nosotros. No estoy sugiriendo que descarguemos nuestras cargas a un extraño o a una visita, pero necesitamos personas en nuestras vidas con quienes podamos compartir nuestras cargas. Suena bíblico, ¿no? (Gálatas 6: 2).

El estrés proviene de muchas personas, lugares, eventos, actividades, deportes, etc. ¿Qué pasaría si decidimos tomar el control de nuestras propias vidas? ¿Qué sucede si optamos por mantener nuestra propia opinión sobre cómo vestimos, trabajamos y criamos a nuestros hijos con mayor consideración que las opiniones de quienes nos rodean? ¿Qué sucede si elegimos aceptar la responsabilidad de las decisiones que tomamos? ¿Qué sucede si elegimos pensar antes de actuar y hablar? ¿Sería posible que disfrutemos más la vida si entendemos que tenemos el poder de elegir hacerlo? Poder y libertad son sinónimos cuando miramos este contexto. Si bien hay ocasiones obvias en las que deberíamos elegir ser respetuosos con los demás acerca de la manera como nos presentamos, debemos evitar ser extremistas hasta el punto de tener estrés mental relacionado con la percepción que otros tienen de nosotros.

Algunas personas pasan por la vida en estrés y preocupación constantes, y ocasionalmente, solo ocasionalmente, disfrutan de momentos de pura alegría y felicidad. También existen otras personas que viven una vida llena de alegría, centrándose en la positividad que existe a su alrededor, mientras que ocasionalmente, solo ocasionalmente, sienten el estrés y las emociones negativas que vienen con las partes de la vida que están fuera de su control. Mi objetivo y esperanza es ayudarnos a todos a lograr lo segundo. Que todos vivamos con una disposición alegre y la incomodidad ocasional de experimentar las dificultades que la vida a veces nos presenta en lugar de vivir con una negatividad constante y un momento ocasional de alegría. Es mucho más difícil disfrutar de los buenos momentos cuando estamos rodeados de negatividad. Es mucho más fácil pasar por circunstancias adversas cuando usamos la positividad como el lente a través del cual vemos la vida.

EN CONCLUSIÓN

La forma en que actuamos y las palabras que usamos permiten a quienes nos rodean ver quiénes somos en el exterior. Para la mayoría de nosotros, solamente unas cuantas personas logran ver nuestra vida externa y también la interna. Por lo general, estas personas nos rodean regularmente. Ya sea un padre, un cónyuge, un hijo o un amigo cercano, el vínculo particular creado cuando compartimos nuestros pensamientos con los demás nos ayuda a lidiar con las luchas que esta vida nos presenta y la forma en que elegimos manejarlas.

Es sorprendente lo pequeños que son nuestros cuerpos en comparación con el tamaño de nuestras mentes. Tenemos grandes sueños, grandes pensamientos y aspiraciones en nuestra mente. A menudo, le damos a nuestros pequeños cuerpos una pequeña oportunidad de lograr nuestros sueños porque no siempre somos realistas o porque el miedo nos paraliza al comenzar el proceso. No digo que no debamos soñar en grande, creo que sí deberíamos. Sin embargo, también debemos tener una buena comprensión de quiénes somos, dónde vivimos, con quién vivimos y cuáles son nuestras fortalezas y debilidades antes de comenzar a hacer realidad nuestros sueños.

La prevención del estrés comienza con la observación de pruebas potenciales que surgirán como resultado de lo que nos rodea y con quién nos rodeamos. Utilizar el método T.R.I.A.L.S. nos ayuda a prevenir y reducir el estrés innecesario en nuestras vidas, eliminando así la ansiedad. Antes de tomar decisiones sobre educación, matrimonio, familia, trabajo, finanzas, salud y fe, considera preguntar lo siguiente:

Transparencia: ¿Estoy dispuesto a ser transparente con _____? ¿Sería _____ transparente conmigo?

Responsabilidad: ¿Estoy dispuesto a ser responsable con _____? ¿Sería _____ reponsable conmigo?

Intencionalidad: ¿Qué puedo hacer para asegurarme que soy intencional con _____?

Aprecio: ¿Apreciaré a _____? ¿Me apreciará él o ella si yo _____?

Límites: ¿Cuáles serán mis límites si yo _____? ¿Acepto estos límites?

Simplificar: ¿Cómo me ayudará _____ a simplificar las cosas en mi vida para que no agregue estrés?

Podemos completar estos espacios en blanco con varias personas, lugares y cosas para ayudarnos a comprender las mejores opciones en nuestro futuro. Cuando era niño, me enseñaron que si no planificaba, estaba planeando fallar. Si queremos reducir y prevenir el estrés en nuestra vida, no sucederá por accidente. Debemos diseñar un plan y debemos cumplirlo. Utilicemos T.R.I.A.L.S. para ayudarnos a nosotros y a otros a superar la ansiedad y el estrés, para que podamos ser la mejor versión de nosotros mismos y vivir nuestra mejor vida.

Los siguientes nueve capítulos analizan estas preguntas en detalle y tratan un área específica de la vida junto con el estrés que a menudo lo acompaña. Para ayudarte en tu viaje, encontrarás un MAPA al final de cada capítulo para motivarte, hacer una solicitud y una oración por cada día.

PREGUNTAS A CONSIDERAR:

1. ¿Qué áreas de la vida le traen más estrés actualmente?

2. ¿Cuánto tiempo ha estado cargando con este estrés?

3. ¿Cuál es una forma de reducir este estrés?

CAPÍTULO 2

LA VIDA

Me gradué de la Universidad Freed-Hardeman (FHU), una universidad privada en el pequeño pueblo de Henderson, Tennessee. Estos fueron cuatro de los mejores años de mi vida, al menos hasta ese momento. Tuve los mejores amigos en esta etapa, y todavía nos vemos cuando podemos, aunque todos diríamos que no es suficiente. Durante este tiempo, mis ojos se abrieron a la realidad y la importancia de la burbuja en la que vivía. Pude reflexionar a través de los años y darme cuenta, en su mayor parte, de quién era y por qué. Comprender de dónde venimos es monumental cuando se trata de desarrollar relaciones. Por lo general, buscamos amigos que provienen de entornos similares a los nuestros. Todavía me parece interesante que mis mejores amigos en la universidad tuvieran estructuras y antecedentes familiares muy similares a los míos, pero no lo supimos hasta años más tarde después de haber construido nuestra amistad. Hoy, todos hemos edificado nuestras propias familias casi de la misma manera. De hecho, ¡tres de los cuatro amigos tenemos cuatro hijos!

No todos los estudiantes de FHU habíamos venido del mismo lugar. Parecía obvio que algunos provenían de lo que llamamos un ambiente mucho más "protegido". Uno de nuestros mayores defectos como estudiantes universitarios era identificar y etiquetar a los demás. En ocasiones fue como un juego.

La definición de normal no cambia porque las personas son diferentes entre sí.

Cuando veíamos que otros eran diferentes a nosotros, claramente, decíamos que ellos no eran normales. Ahora que lo pienso, me pregunto si estos estudiantes nos miraban y se preguntaban lo mismo, o tal vez se comportaban mejor que nosotros. He llegado a creer que "normal" es aquello que nos es familiar. Lo normal comienza en tu casa. Con esto en mente, todas las personas son únicas y normales en su propia forma. La definición de normal no cambia porque las personas son diferentes entre sí.

No puedo expresar todas las cosas buenas que mis padres me brindaron cuando era niño y adolescente. Cuando era niño, me enseñaron a valorar a las personas, no lo material ni el dinero. Algunos podrían decir que este aspecto de mi educación pudo haber sido, en parte, porque no podíamos permitirnos las mejores cosas de la vida, pero este no fue el caso. No estaba al tanto de nuestra situación financiera porque mis padres eran frugales y nos colmaban constantemente con su amor y su tiempo.

Recuerdo practicar deporte, jugar bolos, ir a nadar, ir a la pista de patinaje y muchas otras actividades cuando era más joven. Aún mejor, recuerdo la importancia de tener un enfoque espiritual dentro de nuestro hogar. Mi papá era predicador. Se despertaba todas las mañanas y pasaba una hora en oración y estudio antes de comenzar con sus responsabilidades con la iglesia y la preparación del sermón. Siempre ha sido un estudiante diligente, un excelente padre y un ejemplo de marido con el que la mayoría de las mujeres soñarían tener. Mi madre es la definición misma de desinterés. No sé si alguna vez entenderé el alcance de lo que ella logró con lo poco que tenía, así que siempre tuvimos más que suficiente. Cuando estábamos en la escuela, ella trabajaba y ahorraba para que nuestra "normalidad" fuera agradable. Puede que ellos no lo sepan, pero una de las mejores lecciones que aprendí de mis padres es esta: lo normal es diferente para todas las personas. No compares tu normalidad con otra persona, solo disfruta ser normal para ti mismo. Al hacerlo, el estrés se minimizará en tu diario vivir.

Mis padres me dieron un ejemplo de satisfacción y desinterés por el que siempre les estaré agradecido. Ahora, como padre de cuatro hijos, estoy aún más agradecido por su ejemplo. La necesidad que tengo de dar el mismo ejemplo a mis hijos es aún más frecuente que nunca. Benjamin Franklin dijo: "Estar contento es lo que hace ricos a los pobres. El descontento hace que los hombres ricos sean pobres"("Benjamin Franklin Quotes"). Mostrarles a nuestros hijos cómo contentarse temprano en la vida les ayudará mucho en el futuro.

Si sales de tu cuerpo por un minuto y evalúas tu vida desde afuera mirando hacia adentro, ¿qué ves? ¿De qué te has rodeado? ¿Tu trabajo? ¿Tus amigos? ¿Tus pasatiempos? ¿Tu carro? ¿Tu casa? ¿Tu fe? ¿Tus juguetes? ¿Tu cónyuge? ¿Tus hijos?

Todos tenemos un libre albedrío que nos permite elegir muchos de nuestros alrededores inmediatos. Algunos de nosotros tenemos la suerte de ver y comprender la gravedad y el peso de las decisiones que tomamos cuando somos jóvenes. Darse cuenta de que existen consecuencias para nuestras acciones a temprana edad en la vida es uno de los más grandes aportes de sabiduría, que harán que el vivir sin ansiedad sea una opción más alcanzable a medida que envejecemos. Cualquier conocimiento adquirido sobre la forma correcta de tomar de decisiones es un activo invaluable para todos los que viven con un estrés mínimo.

¿Es posible vivir sin preocupaciones y ansiedad? En el primer siglo, un hombre llamado Jesús dijo que no deberíamos preocuparnos por la ropa que usamos o la comida que comemos porque Dios provee para las aves del cielo y los lirios del campo. Continúa diciendo que somos mucho más valiosos que ellos. Como ya hemos visto, Pablo escribió inspirado por Dios en su carta a la iglesia de Filipos: "Por nada estéis afanosos". Una cosa está muy clara: la ansiedad es una decisión. La forma en que respondemos a las consecuencias del estrés en nuestras vidas determina la ansiedad que experimentamos.

Ya sea que creas que somos creados por Dios o llegamos a existir por otros medios, existimos con libre albedrío. Esta es una de las mayores bendiciones en nuestras vidas. El lado negativo de esta realidad es que no siempre ejercemos nuestro libre albedrío como deberíamos. Somos tan moldeables debido a conceptos erróneos de dos ideas muy destructivas: la vida comparativa y la normalidad.

VIDA COMPARATIVA

La vida comparativa es algo que afecta a todos, excepto a la familia "Jones". Parecen ser el estándar por el cual todos se comparan a sí mismos. ¿Con quién se compara la familia Jones? Todos tenemos personas en nuestras vidas a quienes quisiéramos copiar. Pueden ser familiares, amigos, enemigos o incluso personas que nunca hemos conocido. Nuestra cultura ha creado un estándar y nos ha condicionado a creer que debemos ser como todos excepto como nosotros mismos. Todos los medios de comunicación nos recuerdan constantemente quién sigue cuál tendencia y cuál tendencia debemos seguir y cómo seguirla. ¡No pasa mucho tiempo antes de que alguien más nos diga qué vestir, qué conducir, dónde vivir, cuántos hijos tener y con cuántas personas deberíamos casarnos! Esto suena a una existencia muy triste, ¿no? Lamentablemente, esta es nuestra realidad. Cada vez es más difícil encontrar satisfacción si se nos está recordando constantemente de la necesidad que tenemos de compararnos con los demás.

NORMALIDAD

La normalidad es otro camino peligroso y destructivo que muchos de nosotros no entendemos. Como adjetivo, normal se define como "conforme a un estándar, habitual, típico o esperado" (www.dictionary.com). Como sustantivo, se define como "la condición habitual, promedio o típica" (www.dictionary.com). Con eso en mente, ¿cómo afecta esto al estrés que enfrentamos todos los días? Para la mayoría de las personas, la meta es ser normal. Nadie quiere escuchar que no es normal. Ya que queremos ser como todos los demás, estamos esperando ver la última tendencia para saber qué debemos hacer, aún cuando lo nuevo "normal" no tiene sentido. Qué irónico es que les preguntemos a nuestros hijos: "Si todos saltaran al precipicio, ¿lo harían ustedes?" Sin embargo, aquí estamos todos en línea listos para saltar al precipicio.

Reflexionemos: la Biblia nunca menciona la palabra "normal". Se supone que no debemos ser "normales" o como todos los demás. De hecho, no debemos parecernos en nada a los demás. Se supone que debemos ser como Jesús. Él era un hombre muy diferente a los demás. Si bien puede ser más difícil ser como Jesús que como todos los demás, la recompensa vale la pena. En 1 Corintios 11:1, Pablo nos dice que lo imitemos a él como él imita a Cristo. También dice en Romanos 12:2: *"No os conforméis a este siglo, sino transformaos por medio de la renovación de vuestro entendimiento"*. ¿Estamos dispuestos a aceptar este desafío o estamos conformes en aceptar el desafío de ser como las multitudes que nos rodean? ¿Eres normal?

Mi suegra ama mucho la Navidad. No conozco a otra persona que tenga más decoraciones navideñas que ella. Todos los años, a principios del mes de octubre, ella saca los árboles, las luces, los objetos navideños, etc. ¡Su ático y su garaje están llenos de cajas de adornos y árboles que podrían llenar un hotel! Pasa entre cuatro y seis semanas decorando un país de las maravillas en su casa para que cuando la gente venga a visitarla, salgan de su casa con el espíritu navideño. Es un fenómeno maravilloso. ¿Esto te suena normal?

Si tienes toneladas de decoraciones navideñas y pasas tres o cuatro meses enfocándote en la belleza de la Navidad dentro y fuera de tu casa, entonces sí, imagino que esto te suena normal. Yo no soy así, ni siquiera un poco. Esto viola cada fibra de mi "normalidad". A nuestra familia le encanta la Navidad, pero somos conservadores con la cantidad de tiempo que pasamos decorando y la cantidad de decoraciones que poseemos. De hecho, invertimos unas dos horas en el Día de Acción de Gracias poniendo TODAS nuestras decoraciones. Esta es nuestra tradición. También invertimos unas dos horas quitando y guardando todo en la noche de Navidad. Esto es normal para nosotros. Me gustaría pensar que esto está más cerca de lo "normal" para la mayoría de las personas. Sin embargo, la verdad es que normal significa algo diferente para todos, y un espectro abarca tantos estilos y cantidades que sería imposible etiquetar a un grupo como normal.

¿Qué pasa si te digo que algunas personas creen que Jesús nació en junio? ¿Qué pasaría si hubiera algunas personas que celebraran la Navidad seis meses antes o después? ¿Nos molestaría esto realmente? ¿Pensaríamos que estas personas no son "normales"? ¿Por qué? No tenemos prueba de la fecha exacta del nacimiento de Jesús. A decir verdad, no estábamos allí. Este es solo uno de los muchos ejemplos que podríamos analizar al determinar qué nos califica a nosotros o a otras personas como normales.

Lo normal es diferente en cada aspecto de nuestras vidas. Es posible que tengamos mucho en común con la mayoría cuando se trata de la cantidad de tiempo que pasamos mirando televisión o la forma cómo disciplinamos a nuestros hijos, pero al mismo tiempo podríamos ser completamente diferentes a este mismo grupo de personas cuando se trata del tipo de persona con la que nos casamos, si asistimos a una iglesia y a cuál iglesia, y acerca de nuestra afiliación a partidos políticos.

¿QUÉ INFLUENCIAS DETERMINAN NUESTRAS CIRCUNSTANCIAS?

Sugeriría que la vida comparativa tiene más que ver con las elecciones que hacemos que con cualquier otra cosa. Por ejemplo, ¿qué determina el automóvil que manejamos, la casa en la que vivimos y los juguetes que compramos? ¿Qué nos ayuda a decidir con quién nos casamos y la cantidad de hijos que queremos en nuestro hogar? ¿Qué comemos y cuánto ejercicio hacemos? Elegimos estas cosas, pero hay muchos factores externos que nos ayudan en nuestro proceso de toma de decisiones. A qué y a quién nos exponemos revela mucho sobre lo que nos ayuda a comprender nuestras necesidades y nuestros deseos. Han pasado varios años desde que decidimos no tener televisión por cable. Nos dimos cuenta de las poderosas influencias del comercialismo y decidimos hacer nuestro mejor esfuerzo para no permitir que nuestros pequeños sean influenciados por los medios de comunicación. Mis hijos, en su mayor parte, están contentos con lo que tienen hasta que ven un anuncio del juguete más nuevo en la tienda, y luego, sus "necesidades" cambian. Intentamos eliminar los anuncios.

Mi esposa Kristen y yo recientemente nos sentamos con nuestros hijos y les pedimos que identificaran nuestras necesidades. No debí haber estado tan sorprendido cuando nuestra hija de 8 años contestó: "comida, abrigo y refugio". ¿Yo le enseñé eso? Sinceramente, no recuerdo haberle enseñado esas palabras exactas, pero espero que sea algo que haya aprendido de la forma en que vivimos. Me imagino que si le pidiéramos a niños de diferentes orígenes y familias que escribieran una lista de sus necesidades y deseos, obtendríamos respuestas muy diferentes. Como adulto, si tuvieras que sentarte y escribir una lista de tus necesidades y deseos, ¿cómo serían tus listas?

Desde muy temprana edad me enseñaron a ser feliz con lo que tengo. La definición misma de satisfacción es solo eso; ser feliz con lo que tienes. No teníamos muchas cosas cuando yo era pequeño, pero valorábamos lo que teníamos. Hablaremos más acerca del materialismo y la satisfacción en el capítulo acerca de las finanzas. Es importante que nos demos cuenta de la conexión que tienen la satisfacción y el estrés. Las personas estresadas no suelen ser personas felices y las personas felices no suelen ser personas estresadas. Es difícil ser ambos al mismo tiempo.

Vivimos en una cultura que trata de destruir cualquier intento que hagamos de estar contentos. A medida que criamos a nuestros hijos, a menudo pensamos: "¿Hasta cuándo será suficiente?" La mejor definición que he escuchado de "suficiente" vino de una clase de finanzas a la que asistía en nuestra iglesia. La definición dada era "solo un poco más". ¿Comencé a preguntarme si esto era correcto en mi propia vida? ¿Cuándo tendré suficiente dinero? ¿Cuánto es suficiente comida? ¿Cuánto es suficiente cariño? ¿Cuánto es suficiente comunicación? ¿Cuánto es suficiente religión? ¿Qué es suficiente en el trabajo? ¿Cuándo tendré suficientes cosas?

Los comerciales están llenos de engaños para convencernos de lo que "necesitamos", no de lo que "queremos". Al hacerlo, toman el control de nuestras mentes hasta cierto punto. Lamentablemente, les permitimos hacer esto. ¿Cómo? ¡Además de ver el comercial, nos convencemos de que saben lo que NECESITAMOS en nuestra vida! Cuando consideramos nuestras necesidades y deseos, deberíamos referirnos a lo que mi hija de 8 años nos dijo hace unas noches: Comida. Abrigo. Refugio. Entendemos que varios factores determinan lo que comemos, nuestra preferencia de ropa y en qué tipo de casa vivimos. Sin embargo, si analizamos nuestro presupuesto de manera realista y entendemos que nuestras vidas son algo más que filet mignón, marcas reconocidas y mansiones, tendremos más éxito al eliminar algunas de las tensiones con las que muchas personas luchan diariamente.

En el camino de entrada de nuestra casa, colocamos una pieza de arte con las palabras de Filipenses 4:12. Dice: *"Bajo toda circunstancia, he aprendido el secreto de estar satisfecho"*. Este es el mantra o la afirmación para nuestra familia. Lo vemos todos los días cuando salimos de la casa y cuando volvemos a casa. Nos sirve como un recordatorio constante de saber que podemos ser felices con lo que tenemos. Es una decisión que tomamos. También pone un buen pensamiento en la mente de los huéspedes cuando vienen a visitarnos a nuestra casa.

Sin duda, existe una conexión entre la satisfacción y la ansiedad. La conexión es esta: son opuestos. No podemos vivir con ambos. Debemos escoger vivir una vida de contentamiento o estamos ELIGIENDO vivir una vida con ansiedad. En nuestra casa, nosotros escogemos la satisfacción. Tengo la esperanza de poder ayudarte a entender dos cosas. Tienes el poder de escoger la satisfacción. Tienes el poder de no escoger la ansiedad. Esto puede sonar igual porque lo son; a menudo, necesitamos una perspectiva diferente para darnos cuenta de nuestras elecciones.

Dirigí un negocio durante varios años antes de tomar mi trabajo actual, y tuve la oportunidad de trabajar y contratar a jóvenes adultos. En cada oportunidad, intenté darles consejos que los ayudarían a tener éxito en la vida. Desglosé la vida en tres decisiones importantes que debemos tomar:

1. Vivir como Jesucristo. Ya sea que creas en Dios o no, nuestro mundo será un lugar mucho mejor cuando todos pongamos las necesidades de los demás por encima de las nuestras. Jesús le dio al mundo un ejemplo inigualable de perfección en la forma de cómo vivir en esta tierra. Si el éxito es lo que buscas, practicar la humildad y el desinterés hacia las personas es el primer paso.

Analizaremos más a profundidad este concepto en el capítulo acerca de la fidelidad.

2. Casarse bien. He sido bendecido con la oportunidad de hablar en iglesias, seminarios y conferencias en los Estados Unidos y en otros países de América Latina. He incluido estas claves del éxito en algunas de mis lecciones cuando se ajustan al tema que me han asignado. A menudo, cuando digo "casarse bien", la gente escucha "casarse con riquezas". Puedes imaginar la apariencia que proyecto cuando el público cree que estoy promoviendo la necesidad de casarse por dinero. Mi definición de "bien" es directa: cásate con alguien que ama a Dios más que a ti. Si quieres tener éxito en la vida, el éxito en tu matrimonio es vital. Cuando nuestro cónyuge nos hace segundos en su vida porque Dios es el número uno, solo entonces podemos entender la bendición del matrimonio que Dios creó para nosotros. Hablaremos más sobre esto en el capítulo de matrimonio y estrés.

3. Adquirir un trabajo que te guste tanto que si no necesitaras dinero, seguirías trabajando en el mismo empleo. Un factor determinante en vivir exitosamente es la forma como trabajamos. Debido a que la mayoría de nosotros pasamos una cantidad considerable de tiempo en nuestro trabajo cada semana, si no amamos lo que hacemos, será cada vez más difícil tener una perspectiva positiva cuando regresemos a casa después del trabajo. Sin embargo, si amamos a lo que nos dedicamos, tendremos una perspectiva positiva cuando nos vayamos a trabajar y cuando regresemos a casa. Hablaremos más sobre esto en el capítulo de trabajo y estrés.

Todos tenemos el poder de tomar decisiones en estas tres áreas de la vida. Elegimos cómo tratamos a los demás. Elegimos con quién nos casamos. Elegimos dónde trabajamos. Las personas que viven con poca o nula ansiedad son el resultado de la culminación de buenas decisiones que han tomado en estas áreas. Los capítulos posteriores discuten cómo el desbordamiento en estas tres áreas afecta de alguna forma a todos los factores estresantes de nuestra vida.

En los últimos años, mi esposa y yo decidimos minimizar casi todas las cosas en nuestra vida. Nunca hemos sido muy excesivos, pero siempre hay margen de mejora. Después de leer varios libros acerca del minimalismo, reafirmamos nuestro deseo de centrarnos en las experiencias y no en las posesiones.

Recientemente en las noticias, una servilleta con una nota escrita se vendió por 1.3 millones de dólares. ¿Puedes creerlo? En 1922, después de enterarse de que le otorgarían el Premio Nobel de física, Albert Einstein necesitaba dejar una propina para un botones, pero no tenía dinero. Escribió unas palabras en alemán en la servilleta y se la dio al botones y le dijo que probablemente valdría más que una pequeña propina. La nota leída: "Una vida tranquila y humilde traerá más felicidad que la búsqueda del éxito y la inquietud constante que conlleva" (Wamsely).

Some advice is priceless. Apparently, you can put a price on advice from Albert Einstein, at least if you have the original copy. Something is to be said for the attitude of such a brilliant man. If we choose to remain calm and humble while focusing on the simplicity of creating a realistic life full of contentment and joy, surprises and circumstances we don't have control over will not rock our boat nearly as much. If we choose

> "Una vida tranquila y humilde traerá más felicidad que la búsqueda del éxito y la inquietud constante que conlleva."
> – Albert Einstein

chaos and restlessness in the pursuit of worldly success, when things we can't control appear in our lives, we will find ourselves on a path that is very difficult to navigate.

As we determine our life choices, we should look at the word *necessity*. In Philippians 4:19, Paul says, "I know my God will supply all of your needs according to His riches in glory by Christ Jesus." We must understand the difference between our needs and wants. If something is needed, it can add a tremendous amount of value. We should focus on our needs and how we can use what we already have to live humbly. If we have an abundance of things we don't need, we should evaluate the amount of stress they cause and determine if they still have enough value to be in our lives.

Our attitude toward our circumstances determines a great deal of the joy we experience in life. While many things are within our control, some big factors are outside our control. This is quite troublesome for those of us who wear the title "control freak." When we crave control, life becomes an internal (and sometimes external) quarrel as circumstances are thrust upon us and we can do nothing to change them. However, we can control much more than we think we can. It is easy to say, "That's out of my control" so we don't have to fix or change an attitude or behavior towards someone or something. Self-reflection can help us understand what is within our control.

The purpose of this book is not to convince you you're to blame for the stress and anxiety in your life, but rather to persuade you to look at the power within your being to create the change you want and need to see. Take a deep breath. Focus. Ask yourself if using T.R.I.A.L.S. can help you. For the next few chapters, I want to challenge you to really think about the application of the T.R.I.A.L.S. method and how it can help reduce the stress in your life.

Motivación: Cada día, comprométete a orar a Dios y decirle que estás dispuesto a trabajar en el área de la vida que te causa ansiedad. ¡Él no quiere que vivas con ansiedad! Vamos a escoger ser abiertos acerca de la ansiedad que tenemos y hablar con Dios al respecto. ¡Eliminemos la palabra "normal" de nuestro vocabulario!

Consejo: Leer los siguientes nueve capítulos con una mente abierta. Si lees algo que te beneficia, compártelo con otros.

Oración: "Señor, he creído mentiras del enemigo. Libérame de las mentiras y creencias que no valen la pena. Perdóname por aferrarme a las afirmaciones de los demás. Fortaléceme para dejar de lado esta destructividad renovando mi mente y mi corazón. Deja que tu Espíritu me guíe y me enseñe el camino a seguir y ayúdame a verme como lo haces. Amén" (Turner, K)

PREGUNTAS A CONSIDERAR:

1. ¿Te consideras normal? ¿Por qué o por qué no?

2. ¿En qué área de la vida parece compararse más con los demás?

3. ¿Por qué la comparación es problemática en su vida?

4. ¿Cuál es una forma en la que puede trabajar para dejar de compararse con los demás?

CAPÍTULO 3

MATRIMONIO Y ANSIEDAD

Antes de casarnos, mi esposa y yo recibimos dos conjuntos de consejerías matrimoniales, una a la cual fuimos obligados y otra más placentera. Las sesiones obligatorias a las que nos esclavizaron fueron el resultado de querer celebrar nuestra boda en el edificio de la iglesia perteneciente a un grupo que requería que su pastor administrara consejería prematrimonial a cualquier persona que se casara en esa localidad. Este fue el requisito más minúsculo que aún nos guarda recuerdos interesantes. Como puedes imaginar, es difícil obtener consejos sobre el matrimonio de alguien que no te conoce. Todavía no recuerdo mucho de las sesiones de consejería con el primer pastor. Sin embargo, recuerdo que la primera sesión terminó en una oración que casi me deja con un impedimento para oír. Todavía me río cuando lo pienso. Nos hizo varias preguntas para tratar de conocernos y fue incómodo debido a la naturaleza obligatoria de la reunión. Al final de la sesión de una hora, nos preguntó si podía orar con nosotros (como si necesitara pedirnos permiso). Puedo recordar, como si fuera ayer, inclinando la cabeza y esperando que se dirigiera a Dios en oración. Las palabras "Santo Padre" quedarán grabadas para siempre en mi mente y en mi tímpano porque las dijo tan fuerte que estoy seguro de que las personas en Canadá comenzaron a inclinar la cabeza y esperar el "amén". Tratar de no reír durante el resto de la oración fue más desafiante de lo que debería haber sido. Después de subir al auto para ir a almorzar, Kristen y yo nos reímos un rato. Fue uno de los momentos más divertidos que tuvimos juntos antes de casarnos.

La segunda experiencia de consejería prematrimonial fue mucho más práctica y útil para nosotros. Tuvimos la suerte de que mi padre oficiara la boda y uno de sus requisitos, a pesar de que yo era su hijo, era que asistiéramos a sus sesiones de asesoramiento. Muchas de las preguntas y ejercicios con los que nos hizo trabajar tenían como objetivo ayudarnos a pensar en áreas claves de la vida de las que la mayoría de las parejas no hablan antes del matrimonio. Por ejemplo, no habíamos discutido cuántos hijos queríamos. Después de una de nuestras sesiones, nos dimos cuenta de que queríamos dos o tres hijos, dependiendo, supongo, de cómo resultaran los dos primeros. Es bueno que hayamos discutido esto porque once años después de casados tenemos cuatro hijos y no nos importaría tener un quinto si fuera posible. Sin embargo, el mejor consejo que nos dio se relacionó con las tres claves de un matrimonio exitoso: comunicación, comunicación, comunicación. Continuarás viendo esta herramienta mencionada en este capítulo y el resto de los capítulos de este libro.

Cada viaje en el que nos aventuramos experimentará un cambio. Sin excepción, los eventos sucederán y nos harán cambiar nuestros pensamientos, movimientos, carreras, acciones, palabras, sistema de creencias, etc. Nuestra reacción a estos cambios y cómo usamos la comunicación mientras navegamos por la vida regulará nuestros niveles de estrés y ansiedad. Esto es especialmente cierto en el matrimonio.

He sido abundantemente bendecido cuando se trata de no tener ansiedad en mi matrimonio. No tengo que esperar que mi esposa se sienta así. Estoy seguro de que sí se siente así porque hablamos de eso. No hemos llegado a un gran matrimonio por accidente. Ha tomado y continúa requiriendo un gran esfuerzo de nuestra parte seguir lo que las Escrituras nos enseñan en cuanto a como Dios desea que nos tratemos. La Biblia enseña roles específicos para hombres y mujeres dentro de la relación matrimonial. En Efesios 5, leemos que los esposos deben amar a sus esposas como Cristo amó a la iglesia. Luego dice: *"Las casadas estén sujetas a sus propios maridos, como al Señor"*.

Este podría ser un capítulo muy corto si todos leyéramos y aplicamos lo que encontramos en Efesios 5. Sin embargo, ciertamente existe mucho que podemos aprender de este texto y de las experiencias que hemos tenido en nuestro matrimonio. Una de mis "conclusiones" de este texto es que en el matrimonio Dios asigna mucha más responsabilidad al hombre que a la mujer. Como Cristo hizo más por la iglesia de lo que la iglesia puede hacer por Cristo, el hombre tiene la responsabilidad de hacer más por su esposa de lo que la esposa puede hacer por él. Si los esposos amaran a sus esposas como Cristo amó a la iglesia, ciertamente sería más fácil para las esposas someterse a sus esposos como al Señor.

Si retrocedemos en el texto, vemos que ambas partes tienen la responsabilidad de presentarse entre sí. He visitado a personas que me han dicho que no pueden amar o someterse al sexo opuesto. Una amiga me dijo que nunca podría someterse a un hombre. Cuando le pregunté si cambiaría de opinión si encontraba un hombre para amarla como Cristo amaba a la iglesia, al menos dudó. Es triste que algunas personas nunca hayan visto un ejemplo del matrimonio que Dios diseñó.

Mencioné las tres claves para una vida exitosa: ser cristiano, casarse bien y tener un trabajo al cual uno ama. ¿Qué significa casarse bien? ¿Es posible tener un matrimonio perfecto? Antes de decir "no", aceptemos que nuestra respuesta a esta pregunta dependerá de nuestra definición de la palabra "perfecto". Cuando vemos la palabra "perfecto" en las Escrituras, la definición a menudo se traduce como "completo o maduro". El matrimonio perfecto no sucede de la noche a la mañana, sino que es algo que desarrollamos.

Aunque llevo casado solo once años y no me considero un experto en nada, creo que cuando el sentido común, la preparación y la comunicación se unen, crean una receta para la belleza que todos deseamos tener en nuestros matrimonios. También nos ayudará en gran manera a eliminar la ansiedad con las personas que más amamos en esta vida.

SENTIDO COMÚN

Merriam-Webster.com define el sentido común como "un juicio sano y prudente basado en una percepción simple de la situación o los hechos." Debido a que vivimos en un mundo de subjetividad, es difícil definir palabras como sano y prudente. Si tenemos un estándar al que nos adherimos, se hace más evidente lo que es común. Por ejemplo, sumar números enteros es una ciencia exacta. Dos más dos siempre son cuatro. Este es un hecho inmutable. Cuando se introducen ideas como tres más uno es igual a un perro, comenzamos a ver cuán extraña parece la idea del sentido común para quienes eligen no vivir de acuerdo con ella. Por loca que parezca esta ecuación, ¡no está tan lejos de la realidad que algunas escuelas están enseñando a nuestros hijos acerca del matrimonio y el hogar!

Los rasgos de personalidad, la educación, las experiencias de vida y muchas predisposiciones genéticas también juegan un papel en la determinación de lo que es común dentro de un matrimonio. Una persona puede crecer en un hogar cristiano, criado por individuos temerosos de Dios que inculcaron la necesidad y el deseo de tratar a los demás con la regla de oro: "Haz a los demás como te gustaría que te hicieran a ti". Posiblemente esta es una de las reglas más comunes en la vida de un cristiano. ¡Qué mundo tan maravilloso sería si todos respetaran este principio!

Desafortunadamente, muchísimos otros nacen en familias con abuso físico, mental y emocional. Combina cualquiera de los mencionados con adultos en un hogar que sufre con el abuso de sustancias, y tendrás una visión completamente diferente de lo que es común. Si bien no es imposible escapar de estas circunstancias y tener una vida exitosa, es exponencialmente más difícil para aquellos que nacen en hogares sin estos problemas. También es desalentadora la cantidad de personas que conozco que crecieron en un hogar temeroso de Dios y destruyeron su propio matrimonio porque carecían del sentido y orientación necesarios para crear armonía dentro de su hogar.

Lo que es común para una persona puede no serlo para otra. Cuando esto sucede, es útil explorar todas las opciones, de las buenas hasta las mejores. A veces los opuestos se atraen, y la química física, emocional y espiritual es innegable. En otros momentos, los opuestos no se atraen, y las personas deben huir unas de otras para salvarse. ¿Cómo sabemos cuándo quedarnos y cuándo correr? ¿Cómo sabemos cuándo explorar el potencial?

Cuando los adolescentes e incluso los preadolescentes comienzan a explorar las relaciones fuera de la amistad, todos los descriptores mencionados juegan un papel en la forma en que se desarrollan los sentimientos. Recuerdo que quería salir con chicas cuando estaba en secundaria y preparatoria. Parecía que todas las "chicas buenas" querían salir con los "chicos malos". Me pusieron muchas etiquetas cuando era adolescente, pero "malo" no era una de ellas. Hice mi mejor esfuerzo para tratar a otras personas, especialmente a las mujeres, con respeto y amabilidad. ¿Por qué fue tan difícil encontrar una novia? Vengo de una buena familia. Traté bien a otras personas. Tenía buenos amigos. No creo que haya sido tan feo. Practicaba deportes y me iba bien en los estudios. Estaba haciendo todo bien y aún así no podía encontrar una novia. ¿Había algo mal conmigo que no estaba viendo? ¿Podrían todos los demás ver que yo no estaba listo para ese tipo de relación, y yo ser el único que no podía verlo?

Solamente puedo decir que esto es mucho estrés para un adolescente. Afortunadamente, tener novia no era la prioridad de mi juventud. Si bien habría sido considerado un bono por mis propios estándares, no era necesario en ese momento. Pude aprender a temprana edad la importancia del aprendizaje. Comprender las relaciones y las responsabilidades se volvió vital en mi desarrollo como persona. Puedo decir con confianza que me desarrollé un poco más tarde en muchos aspectos. La mayoría lo habría visto como algo negativo, pero creo que fue una de las mayores bendiciones para mí en ese momento y especialmente ahora. Lo que se hizo común para mí fue tener paciencia para desarrollarme. Tener una buena comprensión de quién era yo como persona me permitió saber en quién necesitaba convertirme. También me proporcionó intuición sobre qué esperar de mí mismo antes de poner expectativas sobre otra persona, especialmente acerca de una posible esposa.

Esta capacidad y madurez rara vez se ven en los adolescentes, por lo que debemos alentar a los jóvenes a aprender acerca de quiénes son antes de intentar aprender acerca de los demás. Si tenemos éxito en este intento, tal vez menos personas cometerán el error de comprometerse de por vida prematuramente. Si más y más personas toman este camino, será común que las personas no se apresuren a casarse por razones equivocadas. En última instancia, la paciencia para elegir a nuestra pareja nos proporcionará las herramientas que necesitamos para tener menos estrés con nuestro cónyuge, independientemente de nuestra edad.

Cuando se trata de lo que debería ser común dentro de un matrimonio, la Biblia siempre debe ser nuestra guía. La Biblia es clara en Efesios 5 con respecto al aspecto común dentro de la relación matrimonial. Jesús tiene claro en Mateo 19 cuáles son las consecuencias para quienes se comprometen con el matrimonio y luego deciden que no es para ellos. Deberíamos prestar atención a su enseñanza.

En una nota muy personal, mi consejo para salir con cualquier persona, especialmente los jóvenes, es este: si no estás listo para casarte, no es necesario que tengas una relación de pareja.

PREPARACIÓN

Este paso no solo es importante antes de casarnos, sino igualmente importante después de casarnos. Todos los días debemos despertarnos buscando formas de prepararnos para ser mejores en nuestro matrimonio. Si queremos crecer en nuestro matrimonio, tenemos que cambiar constantemente. El objetivo es que nuestro matrimonio mejore cada día. Esto puede requerir un poco de creatividad. Esto puede requerir algo de paciencia. La bendición que se obtiene de esto vale la pena.

Para aquellos de nosotros que ya estamos casados, imagino que sabemos con certeza si estábamos preparados cuando comenzamos nuestro matrimonio o no. Es probable que muchos de nosotros diríamos que nada puede preparar a alguien para el matrimonio, pero con respecto a eso, no estoy de acuerdo. Si realmente creemos que nada puede preparar a alguien para el matrimonio, no tendría sentido intentarlo. ¿Quién quiere hacer un esfuerzo en algo sabiendo que fracasarán? Mejor aún, ¿por qué la próxima generación se esforzaría si nuestro ejemplo les enseña que es imposible estar preparados para el matrimonio? Es obvio que la fase de preparación matrimonial de la vida en nuestra cultura necesita mucha mejora.

Cuando hablamos de estar preparados para el matrimonio, generalmente esto se convierte en una situación muy incómoda a la cual nadie quiere referirse. Esta incomodidad puede parecer a tener un gran elefante en la habitación. A veces, este animal es astuto y no se nota por un tiempo, pero la mayoría de las veces, este monstruo incómodo se sienta en el medio de la habitación y trata de hacernos sentir incómodos a todos. ¿Qué tan

Todos los días debemos despertarnos buscando formas de prepararnos para ser mejores en nuestro matrimonio.

incómodos nos ponemos cuando escuchamos la palabra "sexo" utilizada en la conversación? ¿Depende de quién está en la habitación? ¿Nos sentimos cómodos con nuestros compañeros hablando de ello, pero incómodos con extraños, nuestro cónyuge, nuestros padres, nuestros hijos, compañeros de trabajo o miembros de la iglesia? Si bien quiero abordar este tema en relación con la preparación de nuestros hijos para el matrimonio, esta no es la única área que necesita preparación. Los matrimonios consisten en mucho más que el aspecto físico de "los dos se convierten en una sola carne" de la relación.

Para asegurarse de que el elefante tenga un asiento cómodo, vamos a saludarlo y darle la bienvenida a la conversación. Para hombres y mujeres, el aspecto sexual de una relación crea diferentes niveles de estrés. En muchos casos, la falta de sexo crea más estrés para los hombres y menos estrés para las mujeres. Cuando ninguno comunica sus sentimientos sobre el sexo, esto puede convertirse en un problema mucho mayor.

Nunca he sido lo suficientemente valiente como para pedirle a un grupo durante una clase o seminario que levanten la mano todos aquellos que alguna vez han experimentado problemas de intimidad. ¿Quién quiere admitir que tiene problemas de intimidad? Como estás leyendo este libro, puedes responder esta pregunta en privado. Si tienes problemas de intimidad, mi sugerencia es esta: haz de la intimidad una prioridad en tu matrimonio. ¿Como se logra esto?

¡Sé íntimo con tu cónyuge! ¡Comunícate! Incluso cuando sea incómodo, comunícate. Comunícate.

> *No debemos esperar algo de un futuro cónyuge que no estamos dispuestos a esperar de nosotros mismos.*

Gary Chapman, autor de *Los Cinco Lenguajes del Amor,* define cinco formas en que el amor se comunica en las relaciones. Uno de los idiomas es el contacto físico y la mayoría de los hombres dicen que este es su principal lenguaje de amor. ¿Por qué esto se convierte en un tema tan complicado dentro del matrimonio? ¿Las mujeres castigan a los hombres reteniendo la intimidad? Si las mujeres estuvieran dispuestas a ser más íntimas todo el tiempo, ¿prosperaría cada relación? ¡La respuesta corta es no! Los matrimonios son más que intimidad. La intimidad no solo significa sexo. Cualquiera que sea el problema, la comunicación es la forma de resolverlos.

Estoy calificado para dirigirme solo a dos grupos de personas sobre el tema de la intimidad. El primer grupo son aquellos que nunca se han casado. Hace muchos años, estaba soltero y buscaba a alguien con quien pasar el resto de mi vida. Ya sea que estés soltero o en busca de una relación, es importante comunicar tus expectativas con respecto a la intimidad de un posible cónyuge. Ten en cuenta que no debemos esperar algo de un futuro cónyuge que no estamos dispuestos a esperar de nosotros mismos. He conocido personas que eran sexualmente activas en la secundaria y la universidad que esperaban que su potencial cónyuge fuera virgen. ¿Qué sentido tiene eso?

El momento para tener conversaciones sobre las expectativas de intimidad antes y después del matrimonio puede no ser en la primera cita. Sin embargo, si este aspecto de una relación es importante para ti, y has establecido expectativas para ti que también esperas de los demás, no debes demorarte demasiado en conversarlo. Si para ti el sexo antes del matrimonio es un factor decisivo, es importante comprender el pasado de tu potencial cónyuge antes que sea muy tarde. Antes de determinar cuáles son sus puntos de ruptura, también te animo a leer Mateo 18. Es interesante que Jesús enseñe sobre el perdón antes de enseñar sobre el divorcio.

El segundo grupo pertenece a aquellos que están casados y disfrutan de la intimidad dentro de su matrimonio. Uno de los temas más difíciles de enseñar o incluso mencionar es el sexo. Sin embargo, la intimidad es mucho más que sexo. La intimidad se trata de estar cerca de alguien. Si sigues mi consejo en la sección anterior sobre aquellos que aún no están casados, la intimidad dentro de tu matrimonio se beneficiará enormemente. La clave es la comunicación.

Los problemas de intimidad son el resultado de una comunicación deficiente o nula. Si tienes problemas de intimidad, ¡habla con tu cónyuge! Cada vez que la comunicación es el problema, también es la solución. Mi esposa y yo no tenemos secretos. Disfrutamos de la intimidad dentro de nuestro matrimonio porque hablamos de ello y lo convertimos en una prioridad. No necesitas un sermón acerca de este tema para comprender los beneficios de la intimidad en tu matrimonio. Te motivo a leer *Los Cinco Lenguajes del Amor* por Gary Chapman para obtener más información sobre comunicación y amor. ¡Es un gran libro!

La relación de noviazgo es un precursor del matrimonio. Personalmente, si el objetivo de una relación de pareja no es el matrimonio, no veo el punto. Por esa razón, no planeo "permitir" a mis hijos tener una relación de noviazgo antes de que estén listos para pensar en el matrimonio. Esto no significa que sea incorrecto que vayas a citas cuando eres joven. Salí con algunas chicas antes de conocer a mi esposa, pero no estaba listo para casarme. Muchas personas salen para experimentar cómo tratar a una chica. Los chicos pueden querer adquirir experiencia besándose (o más), conociendo futuros suegros, abriendo puertas, etc. Las chicas pueden querer averiguar si queda algún caballero en el mundo. Lamentablemente, estas exploraciones parecen comenzar a una edad más temprana cada año y rara vez terminan bien.

La responsabilidad de ayudar a preparar a los solteros pertenece a los casados. Guíalos en las áreas claves de este libro con respecto al estrés: trabajo, finanzas, matrimonio, crianza de los hijos, salud y fe.

COMUNICACIÓN

Tengo la suerte de estar casado con una mujer que cree en la importancia y vitalidad de una comunicación efectiva dentro del matrimonio. No sé si existe el "matrimonio perfecto", pero mi esposa y yo coincidimos en que el nuestro está bastante cerca. Atribuyo nuestro gran matrimonio a la comunicación. No nos detenemos. Si tiene una comunicación efectiva, debe haber transparencia y honestidad, y al mismo tiempo, la entrega de esta comunicación debe estar rodeada de amor. Puede haber momentos incómodos, quizás incluso embarazosos, pero un momento de incomodidad es mejor que lidiar con la ansiedad o una explosión de frustración, especialmente en un momento inoportuno. Hemos aprendido que es mejor lidiar con cualquier problema o desacuerdo que surja lo antes posible. Esperar a comunicarse causa una de dos cosas: olvidar detalles o amplificar frustraciones. Ninguno de estos dos resultados es deseable.

Si no estás casado, una de las mejores cualidades que puedes encontrar en tu posible cónyuge es la de un comunicador efectivo. Si debes adivinar constantemente lo que piensa tu ser querido, tendrás una vida llena de ansiedad, miedo e irritación. Si estás casado, espero que tú y tu cónyuge se comuniquen bien entre sí. Si este no es el caso, te motivo y te desafío a que priorices cambiar este componente en tu relación. Esto solamente logrará ayudarte a resolver cualquier desafío que enfrenten juntos.

Algunas de las cosas más importantes para comunicar a un cónyuge son las obvias. En los doce años que llevo casado, he aprendido la necesidad y las bendiciones de contarle a mi esposa todo lo que ya sabe. El hecho de que ella sepa que la amo no significa que no necesite decírselo. Ella sabe que es la mujer más hermosa del mundo para mí, pero eso no significa que no deba seguir diciéndole. No tengo que adivinar si ella piensa que soy atractivo porque ella me lo dice. ¡Es difícil no tener una sonrisa en tu rostro y sentirte bien contigo mismo cuando tu cónyuge te dice lo fuerte, inteligente, atractivo o talentoso que eres! Levantar a tu cónyuge y ser específico es un aspecto muy importante de la comunicación. He oído decir: "Dile a tu esposa que ella es lo que quieres que sea y eso es lo que se convertirá. Dile que es un montón de cosas negativas y en eso se convertirá".

Excelente comunicación no sucede por accidente. Hace varios años, le regalé a mi esposa un regalo de navidad que tardé muchísimo tiempo en crear. Hice 52 certificados de regalo con la promesa de tomar un café todos los domingos por la tarde mientras ella abría cada uno de ellos durante un año. Diseñé cada certificado intencionalmente y puse cada uno en un sobre separado. También le pagué a alguien para que escribiera en caligrafía la semana y el número en cada sobre. Sin duda, este fue el mejor regalo que le había hecho. No era lo que estaba escrito en los certificados lo que ella disfrutaba más, sino el tiempo que pasábamos juntos todos los domingos por la tarde. Claro, algunos de los certificados no costaban mucho entregar. Por ejemplo, un masaje de manos o pies de 30 minutos no me costó más que el tiempo y la energía necesarios para frotar sus manos y pies. También hubo algunos que disfrutó más que otros, como "voy a lavar los platos por una semana" y "voy a lavar la ropa por una semana". Una vez más, aunque sí disfrutaba el contenido de cada certificado, es el tiempo que invertimos tomando café lo que ella más amaba.

Durante los siguientes años nos dimos cuenta de que este es un regalo que deberíamos repetir. Diseñar y hacer 52 certificados cada año sería una gran tarea, pero si tienes el tiempo, no te arrepentirás de dar este regalo. Para nosotros, nos dimos cuenta de lo importante que es la calidad del tiempo y la comunicación en nuestro matrimonio. Hace unos dos años, determinamos que necesitábamos y queríamos más que solo el domingo por la tarde juntos, así que decidimos tener más. Ahora, casi todos los días, nos sentamos en algún momento entre el mediodía y las 2:00 p.m., y tomamos café o té y hablamos de nuestra vida, nuestros hijos y nuestro día. A veces puedo estar de viaje y esto no es posible, pero si estoy en casa, nunca perdemos esta oportunidad. Cuando los aspectos de nuestro matrimonio son una prioridad e importancia, haremos todos los "sacrificios" necesarios si queremos tener menos estrés en nuestro matrimonio. Para nosotros, era tiempo para comunicarnos sin distracciones. ¿Qué será para ti?

Conozco a muchas personas casadas y muy pocas de ellas dirían que tienen un "matrimonio perfecto", aunque sé que algunas dirían que están cerca. Cada vez que se agrega un miembro adicional a un hogar, ya sea un cónyuge o hijos, surgen factores estresantes. Nuestra reacción a estos factores estresantes determina la cantidad de ansiedad que permitimos agregar a nuestro matrimonio. Comprender las diferencias entre nosotros y la persona con la que nos comprometimos no solo es útil, sino vital para ayudarnos a aprender cómo se maneja el estrés cuando los dos se vuelven uno. También sugeriría que entender las diferencias entre nosotros y aquellos con quienes salimos es igual de importante.

No conozco un sistema de relaciones prematrimoniales más extraño que el que existe hoy en nuestra cultura. La gente parece tener mucho miedo al compromiso. Han inventado tantas formas como sea posible para poner a prueba los límites continuando como "pareja" sin todavía decir el "sí, acepto". Vivimos en una época en que las generaciones más jóvenes necesitan desesperadamente ver matrimonios exitosos y comprometidos, pero no es así. No va a suceder por accidente. Quizás si evitamos entrenarnos a nosotros mismos y a nuestros hijos para obtener el tipo de relaciones que vemos en Hollywood, veríamos más éxito y menos ansiedad en el matrimonio. Quizás si nos tomáramos más tiempo para conocer a un posible cónyuge a través de la comunicación en lugar de la atracción física, el dinero, el estatus social, etc., veríamos un aumento significativo en los matrimonios exitosos.

Una vez que nos casamos y finalmente nos damos cuenta de que los niños son diferentes de las niñas, ¿cómo vivimos en unidad y armonía con aquel con quien nos hemos comprometido el resto de nuestras vidas? Antes de observar el método T.R.I.A.L.S. para ayudarnos a reducir el estrés antes y después del matrimonio, necesitamos tener una comprensión adecuada de los objetivos y expectativas.

METAS Y EXPECTATIVAS EN EL MATRIMONIO

Nuestras metas y expectativas serán diferentes. Como la mayoría de las áreas de nuestro matrimonio, nuestro objetivo es la perfección. Nuestra expectativa es dar nuestro mejor esfuerzo. Si ponemos esto en práctica, nos será más fácil perdonar cuando alguno de los dos fallemos. Recuerda, queremos ser perfectos y estamos haciendo nuestro mejor esfuerzo. Seamos un poco considerados cuando fallamos. Una actitud positiva y de perdón nos ayudará a disminuir el estrés mientras creamos un ambiente saludable en nuestro hogar.

Ninguno de nosotros será perfecto en el sentido de que no cometeremos errores. No es posible. Esto no significa que no apuntemos a ello. Si buscamos la perfección y damos todo lo que podemos, no tenemos motivos para el remordimiento, el estrés o la ansiedad.

Piensa en el consejo que darías a otros para mejorar su matrimonio. ¿Cuál es la mejor lección que has aprendido dentro de tu matrimonio? Si hay cosas que encuentras beneficiosas en tu matrimonio, compártelas con quienes piden consejos o ayuda. Si yo pudiera ofrecerte un solo consejo, sería este: no compares tu matrimonio con el matrimonio de otra persona. La vida comparativa nunca es útil en ningún aspecto de la vida, especialmente el matrimonio. Sé la mejor versión de ti mismo y sirve a tu cónyuge.

Si el estrés o la ansiedad comienzan a aparecer en tu matrimonio, disminuye la velocidad y observa cómo T.R.I.A.L.S. puede ayudarte a mantener la paz con tu cónyuge.

Transparencia: Honestidad y confianza. Incluso si es incómodo o embarazoso, debemos aprender a comunicar la verdad, toda la verdad y nada más que la verdad a nuestro cónyuge. La comunicación es importante en cada parte de T.R.I.A.L.S., pero es la más importante cuando se trata de transparencia. Nada desgarrará más a dos personas como las mentiras, los secretos y la desconfianza. La transparencia hace más que prevenir la negatividad en el matrimonio; también promueve la positividad. Cuando no hay secretos ni desconfianza, ¡el aire libre entre dos personas es más que refrescante! ¡Disfruta del cónyuge de tu juventud!

Responsabilidad: Ser dueño de tu pasado y prepararte para el futuro. Todos hemos hecho cosas en el pasado de las que no estamos orgullosos. Cada. Uno. De. Nosotros. Cuando hablamos de temas delicados con nuestro cónyuge, debemos ser respetuosos y amables al admitir nuestras faltas anteriores. También debemos entender cuando nuestro cónyuge admite sus faltas. Más importante aún, debemos aprender de nuestro pasado para ayudar a prepararnos para el futuro y ayudar a nuestros hijos a no cometer los mismos errores que nosotros. Si queremos un buen matrimonio, requerirá una cuidadosa planificación y comunicación acerca de los empleos, finanzas, crianza de los hijos, salud y fe.

Intencionalidad: Los grandes matrimonios no ocurren por accidente. Se necesita mucho esfuerzo, comunicación y sacrificio. Todo esto debe hacerse con intención y propósito. Con demasiada frecuencia, hacemos cosas sin pensar y dar propósito a nuestras acciones. Reaccionamos con dureza ante las palabras que nos lastiman, incluso si la intención no era lastimarnos. Esto generalmente conduce al conflicto. Si hacemos una pausa antes de tomar decisiones o si pasamos algún tiempo al comienzo de cada día para decidir cuál será nuestro plan, nuestra toma de decisiones es mucho más fácil. Si nos levantamos cada mañana y decidimos que lo incorrecto o lo menos ético no es una opción, hacer la elección correcta siempre será más fácil. Dentro del contexto del matrimonio, es vital para nosotros ser intencionales con la forma en que tratamos a nuestro cónyuge, con nuestras palabras y nuestras acciones.

Aprecio: Una de las palabras menos utilizadas es "Gracias". Cuando nuestros papeles se convierten en comunes o esperados, expresar gratitud puede convertirse en algo del pasado. No debemos permitir que esto suceda. Las expectativas de los esposos y esposas en el hogar son diferentes en cada cultura. Independientemente de nuestra cultura, debemos seguir mostrando gratitud. Si sigues el método T.R.I.A.L.S. es extremadamente importante estar agradecido cuando tu cónyuge es transparente, responsable e intencional. Esto no es fácil. Debes ser vulnerable y estar abierto a sugerencias. Encuentra maneras de expresar tu gratitud que muestren amor a tu cónyuge. He mencionado *Los Cinco Lenguajes del Amor* como un buen recurso para comprender cómo comunicar el amor a tu cónyuge. Si no sabes cómo quiere ser apreciado tu cónyuge, pregúntale. Jugar a las adivinanzas rara vez funciona para cualquiera de los lados en esta ecuación.

Límites: Todas las personas tienen un límite o un punto de ruptura. Nuestros botones solo pueden ser presionados una cantidad máxima de ocasiones. La tolerancia es una palabra importante que entender cuando se trata de límites en el matrimonio. Hay límites positivos y negativos. Podemos sentirnos abrumados cuando alguien nos empuja a nuestros límites de paciencia en una conversación o discusión acerca de temas complicados. También podemos sentirnos abrumados cuando alguien está haciendo demasiado por nosotros. Si no estamos seguros de cuáles son nuestros límites, debemos aprenderlos. Naturalmente, cuando nos estamos acercando a nuestros límites, y las situaciones están escalando, ya sean buenas o malas, debemos reducir la velocidad. Un buen hábito o regla es tener una palabra segura. Una vez que comprendas tus límites, cuando sientas que te estás acercando demasiado a ellos, ten una palabra que puedas utilizar con tu cónyuge para calmar la situación. No fuerces los límites. Nunca queremos estar en un punto de ebullición y decir o hacer cosas de las que nos arrepentiremos.

Simplificar: La vida de casado puede ser muy ocupada. Cuando se nos pregunta, "¿Cómo están?", ¿Con qué frecuencia respondemos "ocupados"? Llenamos cada segundo con algo que hacer o un lugar adonde ir y se hace difícil reducir la velocidad y disfrutar de cualquier momento. Cuando nos encontramos constantemente corriendo, la comunicación a menudo se pasa por alto y está en el asiento trasero. La ansiedad y el estrés comienzan a aparecer debido a la presión que ejercemos sobre nosotros mismos para mantenernos ocupados. Necesitamos aprender el valor de simplificar. En nuestro matrimonio, deberíamos preguntarnos: "¿Sería la vida menos estresante si no _____ esta semana, mañana, hoy?" Cuando se trata de responsabilidades que ponemos en nuestro plato que le quitan tiempo a nuestro cónyuge, ¿podemos delegar algunos de estos a alguien que tiene menos en su plato para cuidar de ellos? ¿Qué sucede si aprendemos a decir "no"?

Si eres el tipo de persona a la que se le pide que sirvan a otros todo el tiempo, entiendes la gran bendición de estar involucrado en el servicio. Sin embargo, hay momentos en que debemos declinar amablemente para asegurarnos de tener suficiente tiempo para nuestro cónyuge. Rechaza, delega y evalúa. Simplifica.

Motivación: Para la persona casada: Tómate el tiempo para tener una conversación abierta con tu cónyuge esta semana. Sé transparente. RIE. Expresa amor. Pide una cosa que puedas hacer para mostrarle a tu cónyuge que le amas y que le aprecias. La semana que viene, repítelo. La semana después de eso, espero que entiendas el concepto.

Para la persona que no está casada, pero que ya se ha casado antes: encuentra una manera de alentar a las personas que están casadas o que desean casarse. Comparte el conocimiento que has adquirido al haber estado casado.

Para la persona que busca casarse: Sé paciente. Ora. Conviértete en el cónyuge perfecto antes de esperar al cónyuge perfecto. Ora. Pon a Dios primero y busca un cónyuge potencial que también haga esto.

Consejo: Sé un buen oyente. No apuntes al promedio o "normal". Primero ama a Dios, luego a tu cónyuge. Hacer esto correctamente traerá bendición a tu cónyuge.

Oración: Gracias por la vida. Gracias por el libre albedrío, por la libertad. Ayúdame a ser un buen comunicador. Ayúdame a ser un buen oyente. Ayúdame a ayudar y enseñar a los más jóvenes que yo la importancia de la preparación y la comunicación antes de casarse, para que puedan tener una perspectiva adecuada de cómo diseñaste la relación matrimonial. Que seas glorificado en todas mis relaciones. Amén.

PREGUNTAS A CONSIDERAR:

Transparencia:

¿Tus padres te dieron el ejemplo de un matrimonio transparente? ¿Cómo te afectó esto antes y después de casarte?

¿Necesitas ser más transparente en tu matrimonio? ¿Cómo vas a hacer que esto suceda?

Responsabilidad:

¿Cuáles elecciones tomaste antes del matrimonio que tienen consecuencias de las que eres responsable ahora?

¿Cómo puedes aprender de esas elecciones? ¿Cómo pueden ser una bendición para alguien más?

¿Estás viviendo en el momento presente? ¿Cuáles elecciones estás haciendo hoy para ser más responsable?

Intencionalidad:

¿Cuál es la diferencia entre intencional e intenciones?

¿Cuáles son las intenciones de tu corazón dentro de tu matrimonio? (Sé específico)

¿Qué estás haciendo de manera proactiva (intencional) para lograr estas intenciones?

Aprecio:

¿Cuál es el lenguaje de amor de tu cónyuge?

¿Cómo quiere ser apreciado tu cónyuge?

¿Estás hablando el lenguaje de amor de tu cónyuge, incluso cuando es difícil? ¿Por qué sí o por qué no?

Límites:

¿Qué estás dispuesto a hacer por amor?

¿Qué no estás dispuesto a hacer por amor?

Simplificar:

¿Cómo se ve un matrimonio simple?

¿Hay aspectos de tu matrimonio que puedes cambiar o eliminar que serían beneficiosos para tus niveles de estrés? ¿Cuáles son?

Al analizar estas preguntas, diseña un plan de cómo aprender de otras personas que tienen matrimonios exitosos. Haz un plan para compartir tus éxitos y fracasos dentro de cada una de estas áreas para que todos podamos aprender unos de otros y crecer en nuestras relaciones personales entre nosotros y nuestros cónyuges.

CAPÍTULO 4

CRIANZA DE LOS HIJOS Y ANSIEDAD

Existen muchos días que cambian la vida de una persona para siempre. No estoy seguro de si algún día ha sido más monumental para mi esposa y para mí que el nacimiento de nuestra hija mayor. No fue solo el día del nacimiento lo que nos trajo una alegría abrumadora, sino el proceso de aprender el género, seleccionar un nombre, las fiestas de baby shower, estadías en el hospital y las primeras citas médicas son solo algunas de las experiencias impresas en nuestras mentes. En medio de todo eso tuvimos risas y llanto.

Ahora, como padres de cuatro hijos, uno de nuestros objetivos es vivir de tal manera que cuando nuestras hijas estén listas para buscar un esposo, quieran encontrar un hombre que las trate como yo trato a su madre. Para nuestros hijos, queremos que busquen una esposa que los trate como su madre me trata a mí. Si no podemos decir que este es el objetivo, debemos reevaluar el ejemplo que le estamos dando a nuestros hijos.

De todas las áreas de la vida, la crianza de los hijos me causa más estrés. Esto es principalmente el estrés que me pongo para criarlos de cierta manera. Muchas situaciones y variables se nos presentan diariamente y el estrés proviene de todas partes. Sin embargo, todos estos factores estresantes no me obligan a tener ansiedad. Ciertamente brindan oportunidades para la ansiedad, pero la decisión continúa siendo mía. Todavía elijo la paz. Todavía elijo no ser abrumado. Todavía elijo.

Antes de tener hijos, recuerdo amigos que ya eran padres y la alegría que yo sentía mientras esperaba llegar algún día tener mis propios hijos. No recuerdo haber pensado que la crianza de los hijos sería fácil. Sin embargo, hubo algunas situaciones en las que nos habíamos preparado mejor. No sé si alguien podría haber dicho algo para prepararnos adecuadamente para la crianza de los hijos.

Recuerdo muy bien lo ingenuo que yo era antes de que nacieran nuestros hijos. No era tan inteligente como pensaba que era, y mis hijos constantemente me enseñan esta lección. Por ejemplo, pensé que solo había dos posibles tipos de personalidad que mi esposa y yo podríamos heredar a nuestros hijos. Cada uno sería como ella o como yo. Me gusta mi esposa y me gusto a mí mismo, así que todo se veía bastante bien. ¿Cuáles otras opciones podrían existir? Originalmente planeamos tener dos o tres hijos y luego decidimos tener un cuarto. No sé si podría haber cuatro personalidades tan únicas y diferentes entre sí como las de nuestros hijos.

Existen momentos en los que mi esposa no puede ir con nosotros, pero yo llevo a los cuatro niños de compras al supermercado. Uno de mis amigos y compañero de cuarto cuando estábamos en la universidad también tiene cuatro hijos. De vez en cuando conversamos acerca del aspecto que proyectamos cuando la gente nos ve solos con cuatro hijos y sin nuestras esposas. ¡Raramente es una mirada de alegría y felicitación! Por lo general, es un tipo de mirada como diciendo "¿en qué estabas pensando?" o "¿por qué no te detuviste?". Decido ignorar lo negativo y aceptar lo positivo.

A menudo me preguntan si es más difícil tener cuatro hijos en lugar de uno o quizás dos. La respuesta en el caso de nuestra familia es sí y no. Tener un hijo es un gran cambio para los padres porque ahora se debe compartir la atención. Tener un segundo hijo es a menudo un cambio mayor para el primer hijo porque debe aprender a compartir la atención. Sin duda, agregar un tercer hijo fue el mayor desafío para nosotros. No es porque nuestro tercer hijo fuera difícil, sino que cuando te superan en número, la vida siempre es más desafiante. Agregar un cuarto hijo no fue nada difícil para nosotros. Nuestra hija mayor acababa de cumplir 8 años unos meses antes de que naciera el menor y ella ha sido más una ayuda para nosotros que otra cosa. Estoy agradecido por las bendiciones que todos mis hijos han traído a mi vida, pero especialmente por el sentido de comunidad y ayuda que nos brindamos mutuamente.

La vida como padre no es todo color de rosa. Por mucho que me encantaría decirte que criar niños nunca agregará estrés a tu vida, simplemente no se puede. Si recuerdas el capítulo dos, mencionamos al principio de este libro que los niños son algo que elegimos poner en nuestra vida. La mayoría de nosotros podemos controlar esa entrada. Sin embargo, no podemos controlar la forma en que nuestros hijos siempre actúan. Debido a la naturaleza del libre albedrío, los niños pueden agregar una gran cantidad de estrés a nuestra vida, especialmente si no hacemos nada para prepararlos a ellos y a nosotros mismos para los desafíos que algunas relaciones traen.

Mi esposa y yo hemos leído más libros de crianza de los que yo pensaba que existían. Ella ha leído mucho más que yo. No sé si recomendaría un libro más que otro porque cada niño es diferente. Algunos libros enseñan la necesidad de no castigar a los niños físicamente, sino utilizar solamente palabras para edificar e instruir. Otros libros hablan de la necesidad de que cada niño tenga un castigo físico para aprender de los errores. Hay tantas preguntas que hacemos al incorporar varios métodos de crianza. ¿Cuánto tiempo debemos probar cada método? ¿Deberíamos combinar métodos? ¿Importa cuál método utilizamos? ¿Iremos a fracasar independientemente de lo que intentemos con algunos de nuestros hijos y tengamos éxito con otros?

Al final del día, necesitamos encontrar una manera de tener paz con las decisiones que tomamos. Paz, no ansiedad. No tengo todas las respuestas para la crianza de los hijos. No creo que ningún ser humano las tenga. Deberíamos aprender de nuestros éxitos, fracasos y experiencias. Quizás el consejo más difícil de aceptar es que la sabiduría proviene de las experiencias. Algunas buenas, algunas malas. Una de las claves para criar buenos hijos es la consistencia. Cuando encontramos algo que funciona, debemos mantenerlo. Eso es sabiduría. He aprendido que las cosas que funcionan mejor con mis hijos no siempre son fáciles al principio. El amor resistente a veces toma esfuerzo.

La buena noticia es que se vuelve más fácil... a veces. Aún cuando no es tan fácil debemos tener la determinación de continuar.

Algunos de nosotros podemos tener lo que llamamos un niño terco o un niño "de carácter fuerte". Estos niños pueden requerir más esfuerzo de nosotros como padres. Hace un par de años, cuando nuestro hijo mayor tenía cuatro años, por poco me sacó de mis casillas. La única vez que le pegamos fue cuando golpeó a uno de sus hermanos, lo cual no era muy frecuente. Gran parte de la investigación que habíamos hecho nos ayudó a comprender las mejores formas para manejar algunos aspectos de su carácter. Siempre recordaré (probablemente) la vez que le di una palmada después de que golpeó a una de sus hermanas. Después de castigarlo, lo puse frente a mí para abrazarlo y decirle que lo amaba. Antes de abrazarnos, me dio un puñetazo en la mandíbula, como un hombre. Me sorprendió mucho. Seguidamente recibió otro castigo que nunca olvidará. Al menos no me ha golpeado desde entonces. ¡Puede ser muy terco a veces!

> *Cuando encontramos algo que funciona, debemos mantenerlo. Eso es sabiduría.*

Nos dimos cuenta de su terquedad a una edad temprana, y durante algunos años intenté de hacer algo que luego me di cuenta que no era efectivo para mí. Traté de cambiarlo. Traté de cambiar su fuerte disposición. Afortunadamente, me di cuenta de que no podemos cambiar las personalidades de nuestros hijos. Podemos ayudar a guiarlos en el camino de la justicia y tratar de ajustar su actitud cuando sea necesario, pero no podemos cambiar su personalidad. Tuve que hacerme algunas preguntas. ¿Quién soy yo para cambiar a una persona que Dios creó? ¿Qué sucedería si Dios creó a este joven con tal fuerte disposición que algún día lo pueda convertir en un gran líder? ¿Quién soy yo para detener eso solamente porque él no hace todo como yo creo que debería? Es una pena para mí por no haberme dado cuenta antes la bendición y privilegio que tengo de criar a un joven fuerte, aunque a veces sea difícil. Desde entonces me he arrepentido y he decidido hacer todo lo que pueda para proporcionarle las herramientas necesarias para que él aproveche su creatividad y continúe convirtiéndose en quien Dios creó.

Después de leer varios libros sobre la crianza de los hijos escritos por personas como Gary Chapman y Sally Clarkson, me di cuenta de que uno de los mayores errores que cometemos como padres es quitarles el amor a nuestros hijos como forma de castigo. El solo hecho de escribir estas palabras me hace un nudo en la garganta. Me doy cuenta de lo intencional que he sido a veces de castigar a mis hijos quitándoles algo que disfrutaban. Todo es un proceso de aprendizaje. Todos los niños necesitan de nuestro tiempo, y mucho. Algunos prosperan con nuestro tiempo y necesitan más que otros. Si nuestras opciones son quitarnos un juguete o retener nuestro tiempo como forma de castigo, es una buena idea deshacernos del juguete. Puedes conseguir más juguetes, pero no más tiempo. Todos necesitamos descubrir cuál es el lenguaje principal del amor de nuestro hijo y trabajar para fortalecerlo expresando amor en la forma en que prefieren recibirlo. Cuando sea necesario castigar, debemos averiguar qué funciona mejor y ser consistentes.

Desde el momento en que los niños pueden entender y hablar, la comunicación se convierte en la parte más esencial de la vida. Los niños pueden comunicarse desde una edad muy temprana, pero

Nunca elimines el amor como una forma de castigo.

puede que no siempre sea inteligible. Invertimos mucho tiempo como padres novatos tratando de descubrir qué quiere comunicar el niño. Por lo general, podemos saber si el niño nos quiere decir que necesita que le cambie el pañal o que debe ir al baño. Cuando tiene hambre, un grito generalmente nos hace saber que necesita comer. Probablemente hayas oído hablar de un hombre llamado Maslow, pero si no lo has hecho, te motivo a conocer su historia y las necesidades de los niños a medida que crecen. Puede cambiar la forma en que respondes a las necesidades de tus hijos.

También existen momentos en que los niños intentan comunicarse, pero no pueden porque todavía no saben cómo usar las palabras. Cuando nuestra segunda hija tenía dieciocho meses, ella gritaba. Mucho. Ella tenía todos sus chequeos regulares con los médicos al día. No perdimos ninguna cita, pero no podíamos resolver los conflictos de comportamiento que estábamos experimentando. Finalmente, después de escuchar varias sugerencias, alguien nos recomendó que le hiciéramos una prueba de audición. Al mismo tiempo, decidimos revisar sus ojos porque parecía que podría tener un problema ocular. Después de algunas citas, nos dimos cuenta de que no había podido escuchar durante bastante tiempo. También nos dimos cuenta que ella apenas podía ver. Los lentes que le prescribieron eran tan gruesos como nunca había visto. ¿Te imaginas la diferencia de vida que hizo para un bebé cuando finalmente pudo ver y escuchar por primera vez? ¡Ella era como una persona nueva!

Piensa en el papel que juega la comunicación en todo esto. Nuestra niña no nos respondía cuando le hablábamos porque no podía escucharnos. Ella andaba un poco desequilibrada y descoordinada porque no podía ver. Después de varios años, ella es una de las niñas más activas y atléticas que jamás haya conocido. Si ella tiene dolor en los oídos o los ojos, puede comprender las preguntas que le hacemos y ayudarnos a resolver los problemas que existen. En cualquier relación, especialmente de padres a hijos, la comunicación es vital.

Después de obtener una visión adecuada sobre la importancia de la comunicación entre nosotros y nuestros hijos, debemos tratar de comprender la definición de dos palabras clave cuando se trata de la crianza de los hijos: disciplina y castigo. Disciplina significa educar o instruir. El castigo es una consecuencia de la desobediencia. Sin excepción, todos los niños en algún momento deben ser castigados. Ninguno de ellos es perfecto. Algunos niños necesitan más castigo que otros. Nuestros cuatro hijos varían en la cantidad de castigo necesario a lo largo de los años. La disciplina, sin embargo, es algo que ocurre diariamente en nuestra casa para todos nosotros.

Nuestro trabajo más importante como padres es disciplinar o "educar e instruir" a nuestros hijos "en el Señor". Nuestra reacción hacia nuestros hijos cuando ellos toman buenas decisiones es una forma de disciplina. Nuestra reacción cuando ellos toman malas decisiones es quizás una forma más poderosa de disciplina o al menos una que recordarán. A menudo, tenemos miedo a la disciplina debido a varios factores.

¿Qué es lo que más te asusta de ser padre?

Perder el control

Saber las respuestas

Criar niños exigentes

Juicio

Lastimar a alguien

Caos

No tener todas las respuestas

La lucha es diferente para todos nosotros. Cuando nos encontramos con ganas de arremeter contra nuestros hijos, debemos respirar profundamente y considerar algunas alternativas a las respuestas negativas que a veces damos a nuestros preciosos pequeños. Por ejemplo, en lugar de amenazar con "si no te detienes te voy a _____", podríamos decir: "no estoy seguro de qué hacer y está bien". Admitir ante nuestros hijos que no tenemos todo resuelto o que no tenemos todas las respuestas es un gran ejercicio de construcción de relaciones. Aprender juntos es mejor que ser dominante o autoritario. En lugar de quejarnos sobre cómo tenemos que hacer todo, podríamos comunicarnos con nuestros hijos para pedirles que nos ayuden. Admitir que estamos molestos y hablar es mejor que explotar contra nuestros hijos. Necesitamos aprender que somos capaces de tener el control todo el tiempo. Si aprendemos a manejar el estrés apropiadamente, podemos eliminar que la ansiedad esté presente en nuestras vidas.

A medida que comenzamos a pensar en las pruebas que enfrentamos cuando nuestros hijos se convierten en adolescentes y adultos jóvenes, debemos tener en cuenta las relaciones y comenzar a ser padres tan pronto como los niños ingresen a nuestra casa. Incorporar el método de crianza T.R.I.A.L.S. puede hacerse tanto si el niño es suyo biológicamente como si no. Independientemente de la forma en que hayamos criado o estemos criando actualmente a nuestros hijos, les desafío a todos a incorporar el método T.R.I.A.L.S. en nuestra rutina diaria con nuestros hijos.

Transparencia: Esta es la clave en cualquier relación, pero especialmente con los niños. ¿Estoy reteniendo información de mis hijos que sería beneficiosa en nuestra relación? ¿Guardo secretos que mis hijos no saben? Si aprendo cosas acerca de mis hijos, ¿me siento cómodo con la confrontación? Entre más crecen los hijos, más transparencia necesitan. No necesitan vivir con dudas sobre cómo nos sentimos respecto a nada. La clave de la transparencia es la comunicación.

Siéntate con tus hijos esta semana. Planea una fecha o reunión u hora en la que puedan sentarse y conversar acerca de la vida. Independientemente de la edad de tus hijos, si tienes alguna pregunta que desees / necesites hacer, sé franco y hazla, pero hazla con amabilidad. Pregúntales a tus hijos si tienen alguna preocupación, duda o pregunta sobre la que quieran hablar contigo. Los niños necesitan este tipo de relación abierta. Si queremos reducir el estrés en nuestras relaciones con nuestros hijos, comienza con transparencia y comunicación.

Responsabilidad: Como en todos los aspectos de nuestras vidas, todos cometemos errores. La crianza de los hijos no es una excepción. Asumir la responsabilidad de los errores pasados es importante en la reducción del estrés. Una de las formas en que podemos hacer esto es hablando de errores pasados y pidiendo perdón a nuestros hijos. Haz un plan para asumir la responsabilidad de seguir adelante. Si haces una promesa, mantenla. Establece metas alcanzables y habla con tus hijos acerca de cómo las alcanzarán juntos. La comunicación y el seguimiento son cruciales.

Intencionalidad: Las buenas relaciones con nuestros hijos no ocurren por accidente. Leer libros, compartir juegos, jugar a la pelota, etc. son actividades intencionales. Ser intencional requiere tiempo y esfuerzo. También requiere que estemos en el mismo lugar que nuestros pies. Nuestros hijos se dan cuenta cuando hacemos múltiples tareas y solo les damos la mitad de nuestra atención, si acaso la mitad. Si queremos crear una relación saludable con un estrés mínimo entre nosotros y nuestros hijos, requerirá mucho esfuerzo e intención. ¡Este esfuerzo vale la recompensa!

Aprecio: Mostrar aprecio hacia nuestros hijos es un componente crítico para reducir el estrés en su crianza. Nuestros hijos deben saber cuánto amamos y apreciamos las buenas decisiones que toman. El aprecio se ve en nuestras palabras y acciones. Si buscamos maneras creativas de expresar nuestra gratitud, el estrés se reduce y disfrutamos de momentos especiales con nuestros preciosos pequeños y adolescentes. El factor más crítico para mostrar aprecio es comprender cómo un niño quiere ser agradecido. Ser agradecido siempre es beneficioso, pero debemos aprender a apreciar a las personas de la forma en que quieren ser apreciadas.

Límites: Todos tenemos límites. Nuestros niños tienen límites. Debemos tener mucho cuidado de no forzarnos a nosotros mismos ni a nuestros hijos a sus límites. Cuando las conversaciones y situaciones se calientan, es aconsejable hacer una pausa y escuchar. Cuando alcanzamos nuestros límites, las emociones a menudo se apoderan de nosotros y decimos cosas que no queríamos y que no podemos recuperar. Esto solo aumenta los niveles de estrés. Antes de que las cosas se salgan de control, debemos conocer nuestros límites y evitar forzarlos.

En nuestro hogar, si los niños no se comportan y sentimos que nos estamos acercando a nuestros límites, decimos "palabra segura". Uno de los dos ejercemos el turno de disciplinar a nuestros hijos mientras que el otro generalmente está allí para mantener la calma de la situación. Tenemos algunos amigos que nos dijeron que tenían una palabra segura que usan cuando los ánimos aumentan. Decidimos decir "palabra segura" porque no se nos ocurrió algo más específico. Sorprendentemente, ¡funciona!

Simplificar: Uno de los mayores desafíos de la crianza de los hijos es enseñarlos cómo vivir una vida simple. Esto es cada vez más difícil si comparamos o nuestros hijos comparan lo que tenemos con los demás. Parte de la simplificación es encontrar la satisfacción. De hecho, si podemos encontrar satisfacción al tener menos de lo que ya tenemos, simplificar se convierte en un proceso mucho más fácil. Este es un proceso aprendido y nuestros hijos están aprendiendo de nuestro ejemplo. Constantemente estamos analizando en dónde y en qué encontramos satisfacción.

Hay tantas distracciones. Si las actividades extracurriculares, la tecnología o el materialismo se interponen en tu relación con tus hijos, es hora de deshacerse de las distracciones. Puede ser incómodo o irritante para tus hijos, pero tú debes ser la mayor influencia en su vida. Invierte más tiempo con ellos de lo que invierten en deportes, televisión, cosas, etc.

Motivación: Toma el tiempo para sentarte con tus hijos (independientemente de sus edades), hablen abiertamente acerca de las cosas que haces bien como padre y pregúntales si existen áreas que ellos desearían que tú mejoraras. ¡SE HONESTO! Acepta la perspectiva que ellos tengan y trabajen juntos como familia para ser los mejores ejemplos mutuos posibles.

Tengo que compartir lo que nos pasó. Cuando hicimos esto con nuestros hijos, aprendimos una lección sobre cómo debemos mostrarles gratitud. Nuestros tres hijos dijeron que el área en la que podríamos mejorar era pasar más tiempo con ellos. No querían ni más juguetes, ni comida, ni nada más que nuestro tiempo. Escucha a tus hijos cuando te digan dónde puedes mejorar.

Consejo: Si pudiera ofrecerte un consejo cuando se trata de criar a tus hijos, sería este: no los comparen entre sí ni con los hijos de otras personas. Comparar nunca será útil para nadie. Esto será mucho más fácil si eliminamos la palabra "normal" de nuestra vida en todos los aspectos.

Oración: Gracias por permitirme ser tu hijo. Gracias por los niños. Ayúdame a encontrar las mejores formas de criarlos para ser cristianos fieles. Si tengo actitudes que debo cambiar para ayudar a mis hijos, moldéame en la persona que deseas de que yo sea. Hazme un siervo, Señor, hazme como tú. Amén.

PREGUNTAS A CONSIDERAR:

Transparencia:

¿Por qué es importante la transparencia con nuestros hijos?

¿Necesitamos ser transparentes en todo? ¿Por qué sí o por qué no?

¿Son nuestros hijos transparentes con nosotros? Si es así, ¿cómo ha bendecido esto nuestras relaciones?

¿Cómo creamos una relación que motive a nuestros hijos a ser transparentes con nosotros?

¿Tus padres fueron transparentes contigo cuando eras más joven? Si es así, ¿cómo fueron transparentes? ¿Cuál fue el resultado de su transparencia?

Responsabilidad:

¿Existen problemas / consecuencias que enfrentas debido a la falta de una toma de decisiones responsable en el pasado como padre?

¿Qué puedes aprender / enseñar de estas decisiones?

¿Cuáles decisiones estás tomando en este momento para ser más responsable en tu relación con tus hijos?

Intencionalidad:

¿Cuáles son las intenciones de tu corazón como padre? (Sé específico)

¿Qué estás haciendo de manera proactiva (intencional) para lograr estas intenciones?

Aprecio:

¿Conoces el lenguaje de amor de tu hijo?

¿Cómo quiere ser apreciado tu hijo?

¿Estás hablando el lenguaje de amor de tu hijo? ¿Cómo?

Límites:

¿Pones o tienes límites en tu amor por hijo?

¿Puedes amar a tu hijo demasiado?

Con respecto a la disciplina, cuando ya alcanzas tus límites, ¿qué haces antes de disciplinar a tus hijos?

Simplificar:

¿Cuáles distracciones se han agregado a la vida de tus hijos que causan estrés o ansiedad?

¿De dónde vienen estas distracciones?

¿Estamos dispuestos a deshacernos de las distracciones y ser la mayor influencia en la vida de nuestros hijos? En caso afirmativo, ¿cuál es nuestro plan específico para que esto suceda?

Si te encuentras en un grupo, reúnanse y compartan las respuestas. Espero que estemos dispuestos a compartir todas nuestras experiencias y recursos con los demás en la crianza de la próxima generación. A veces, ¡se necesita todo un pueblo! ¡Nos necesitamos el uno al otro!

CAPÍTULO 5

TRABAJO Y ANSIEDAD

Si investigas en línea los empleos más estresantes, es probable que encuentres una lista similar a la siguiente:

Los 10 empleos más estresantes:

1. Personal Militar
2. Bombero
3. Piloto de Aerolínea
4. Oficial de Policía
5. Coordinador de Eventos
6. Ejecutivo de Relaciones Públicas
7. Ejecutivo Corporativo Superior
8. Locutor
9. Periodista
10. Taxista

Es posible que esta no sea la lista que hayas pensado, pero esta es la realidad que presenta el internet cuando se trata de trabajos estresantes. Cuando observo esta lista, noto que los primeros cuatro trabajos mencionados tienen cierta forma de incertidumbre cuando se trata de seguridad, por lo que tiene sentido que estos trabajos sean estresantes. Los trabajos 5 a 9 en la lista tienen demandas de tiempo, plazos de comunicación y / o requisitos para hablar en público. Dado que la mayoría de las personas tienen más miedo a hablar en público que a morir, esto también tiene sentido. ¿Cómo llegaron los taxistas a esta lista? No estoy seguro, pero están estresados.

¿Cuál es nuestro trabajo soñado? ¿Existe tal cosa? ¿Está en la lista de arriba? Para algunos, un "trabajo soñado" puede significar no trabajar en absoluto. Para otros, se trata de un trabajo específico, pero puede ser un trabajo inalcanzable. ¿Qué es lo que nos impulsa cada día? ¿Será la pasión que tenemos de ir a un escritorio durante 8-10 horas y esperar el viernes cuando recibamos nuestro salario para poder pagar nuestras cuentas, tener comida en la mesa y, con suerte, tener suficiente dinero para una cita nocturna? ¿Es la cantidad de dinero o la calidad de vida que proporciona? ¿Qué tiene el trabajo que nos motiva? Si la respuesta es "No sé" o "nada sobre mi trabajo me motiva", tal vez estamos atrapados en un trabajo de mediocridad y es hora de un cambio de trabajo o un cambio de perspectiva.

¿Nuestro trabajo agrega estrés a nuestra vida? Hay muy pocas personas que pueden decir con confianza que su trabajo no genera estrés en su vida. Una de las tres claves para una vida exitosa que mencioné en un capítulo anterior es tener un trabajo que amas tanto si no necesitaras dinero, seguirías trabajando en el mismo trabajo. No puedo imaginar que alguien elija ir a un trabajo estresante si no necesita dinero. Si trabajamos principalmente porque necesitamos dinero, tiene sentido elegir una carrera profesional con el menor estrés posible.

Teniendo en cuenta las oportunidades que existen en los Estados Unidos, casi todos tienen la opción de elegir dónde trabajar. Esto puede que no aplique a todos, pero se aplica a la mayoría. Si estás atrapado en un trabajo abrumadoramente estresante que no te gusta, es hora de considerar hacer algunos cambios. Recuerda, nuestros trabajos son uno de los factores estresantes que elegimos. Si elegimos un trabajo estresante o el trabajo que elegimos no comenzó como estresante pero ahora nos da más ansiedad de la que podemos manejar, debemos considerar el cambio dentro del lugar de trabajo o considerar buscar un lugar de trabajo diferente.

Después de graduarme de la universidad con un título en español, volví a trabajar para una empresa de piscinas para la que había trabajado durante mis años de secundaria y universidad. Fue una decisión segura y me alcanzaba para llegar a fin de mes. No hubo mucho estrés en este trabajo. Sin embargo, no era un trabajo que amaba. Cuando se presentó la oportunidad de ejercer mi título, la aproveché tan pronto como pude. Me encantaba hablar español y ayudar a las personas. Como todos, también disfruté de la seguridad laboral. Mi nuevo trabajo era trabajar en un centro de llamadas para la empresa "llame antes de excavar". Yo era el único hombre que trabajaba en el centro de llamadas y también era la única persona que hablaba español. Una de estas circunstancias me hizo sentir muy importante y la otra hizo que a veces mi trabajo fuera un poco menos agradable. Les dejaré que adivinen cuál era cuál.

No mucho tiempo después de este cambio de carrera, me ofrecieron un ascenso para trabajar en narración y continuar traduciendo para todas las llamadas que necesitaban un traductor. También me pidieron que impartiera una clase de español a todos los empleados interesados en aprender español, lo que también me proporcionaría algunos ingresos adicionales. Ya sea en la iglesia, en el trabajo o en la comunidad, me encanta enseñar cualquier tema que me apasione y conozca. Dos semanas antes de la primera clase de español programada que iba a enseñar, tuve una reunión con mi jefe sobre el ascenso que iba a recibir. Todo parecía perfecto, excepto lo que creía que era lo más importante. Al final de la reunión, pregunté cuál sería el límite salarial para el nuevo puesto. Quería saber cuánto dinero potencial podría ganar en unos pocos años. La expresión de mi cara después de que respondieron mi pregunta debe haber sido fácil de leer. Solo basta decir que no me impresionó ni vi mi futuro en la empresa.

Si no podemos cambiar nuestra carrera profesional, debemos cambiar la forma en que vemos nuestro trabajo.

Afortunadamente, había recibido una llamada de mi empleador anterior preguntándome si estaría interesado en volver a trabajar con mi salario. Me preguntaron cuánto dinero necesitaba para volver a trabajar. Me tomó dos días pensar en las decisiones que tenía frente a mí. Ambos trabajos tenían pros y contras, pero al final, tomé el trabajo que iba a pagar más, incluso si eso significaba que tenía que trabajar casi todos los sábados del año. La buena noticia es que podía elegir cualquier día libre, excepto viernes, sábado o lunes. Solamente me quedaban los martes, miércoles y jueves. ¡Ninguno de esos días parecía un buen día libre! Esto hizo que me molestara un poco mi trabajo, ¡y fui yo quien tomó la decisión! Sabía que este sería el caso mucho antes de aceptar el trabajo, pero mi deseo de ganar más dinero y mi visión del dinero superaron los inconvenientes de mi horario de trabajo.

¿Qué tal contigo? ¿Cuáles influencias determinan cuál trabajo es el ideal para ti? ¿Amas tu trabajo actual? ¿Tienes más opciones? Al principio de mi carrera, tenía opciones, pero no las amaba. Estaba trabajando por un sueldo. Cada vez que no nos gusta nuestro trabajo y estamos trabajando solo por dinero, habrá estrés. La clave para superar el estrés en situaciones relacionadas con el trabajo es la perspectiva. Si no podemos cambiar nuestra carrera profesional, debemos cambiar la forma en que vemos nuestro trabajo.

Según la Asociación Estadounidense de Psicología, existen muchos efectos secundarios a corto y largo plazo del estrés relacionado con el trabajo:

- **A CORTO-PLAZO:** dolor de cabeza, dolor de estómago, trastornos del sueño, mal genio y dificultad para concentrarse

- **ESTRÉS A LARGO PLAZO O CRÓNICO:** ansiedad, insomnio, presión arterial alta y un sistema inmunitario debilitado, depresión, obesidad y enfermedades cardíacas (www.apa.org)

Es vital que busquemos formas de reducir el estrés en nuestro lugar de trabajo para que estos efectos secundarios no estén presentes en nuestras vidas. Las muchas formas de lidiar con este estrés pueden hacer la vida aún más difícil. Muchas personas recurren a comer en exceso (comer por estrés), comer alimentos poco saludables, fumar, alcohol, drogas y otros hábitos que generan ansiedad. No solo son peligrosos, sino que también dañamos a otros y perdemos cualquier influencia positiva que podamos tener.

Cuando miramos nuestras circunstancias actuales en el trabajo, ¿qué estamos tratando de lograr? ¿Es nuestro objetivo ser promedio? ¿Es nuestro objetivo ser tan bueno como los que nos rodean? ¿Estamos trabajando constantemente para cumplir

No podemos cambiar a las personas; solo podemos cambiar nosotros mismos.

con el statu quo, marcar el tiempo y salir lo antes posible? Si la respuesta a estas preguntas es "sí", aún tendremos influencia en aquellos con quienes trabajamos; simplemente no será una influencia positiva.

En mis empleos anteriores, no tuve la mentalidad que debí tener. Traté de pensar en cómo otras personas podían hacer mi trabajo más fácil. Intenté cambiar a las personas para que pudieran ser más beneficiosas para mí en el lugar de trabajo. Quizás una de las mejores lecciones que aprendí de esta experiencia fue: No podemos cambiar a las personas; solo podemos cambiarnos nosotros mismos. Si queremos crecer, si queremos reducir la ansiedad, debemos cambiar. Admitir que necesitamos cambiar es difícil. Cambiar nosotros mismos es aún más difícil. Sin embargo, cuando estemos dispuestos a cambiar, tendremos una mayor influencia en los demás. Nuestras acciones hablan mucho más fuerte que nuestras palabras.

Debemos tener en cuenta las palabras de Pablo a la iglesia en Colosas: "*Y todo lo que hagáis, hacedlo de corazón, como para el Señor y no para los hombres; sabiendo que del Señor recibiréis la recompensa de la herencia; porque a Cristo el Señor servís*" (Colosenses 3:23–24). ¿Qué sucedería si Jesús fuera nuestro jefe? ¿Trabajaríamos de manera diferente? ¿Cambiaría nuestra actitud? ¿Seríamos más útiles para los demás? Desafiémonos a nosotros mismos esta semana para imaginar que estamos trabajando para Jesús, no la persona que llamamos jefe. Toma nota de la influencia que tenemos a través de nuestra actitud positiva y servicio a los demás.

Para reducir el estrés en mi trabajo, aprendí a buscar los aspectos que sí disfrutaba y enfoqué mi atención en eso. Hice todo lo posible para traer alegría a mis compañeros de trabajo y a los clientes que veía regularmente. Cuando me costaba quitar la atención de mí, estaba permitiendo que el estrés se mantuviera alrededor. Debido a que los niveles de estrés casi siempre disminuían cuando ayudaba a alguien que no era yo, pasaba tiempo buscando formas de ayudar a los demás. Me sorprendieron las oportunidades que tuve debido a mi cambio de perspectiva. En los últimos meses de ese trabajo, me ofrecieron algunos puestos importantes con otras compañías. Estas fueron oportunidades que me ofrecieron nuestros clientes y habrían más que duplicado mi salario. Podría haber pagado el auto que siempre había querido. Comencé a construir un currículum que me hacía lucir como una persona muy importante y calificada. En medio de este proceso, recibí una llamada telefónica que cambiaría mi carrera profesional para siempre.

Había una pequeña iglesia en Louisiana que había estado buscando a alguien para trabajar en un ministerio sin fines de lucro llamado Spanish Missions (Misiones en Español). Llevaban varios años buscando, pero no habían encontrado a alguien que cumpliera con todos los requisitos que le pedían al candidato potencial. Un amigo mío, que se había enterado de este trabajo, me llamó para ver si estaba interesado y para decirme el número de teléfono al que debía llamar para preguntar sobre el puesto. Tuve la oportunidad de ser entrevistado por teléfono por el director del ministerio que también había comenzado el ministerio unos 35 años antes (varios años antes de que yo naciera).

Parte de la conversación fue un poco incómoda porque me preguntó si podía hablarme en español durante unos minutos y acepté. Lo escuché hablar y me asombró cómo un hombre de Louisiana hablaba un español perfecto. Claramente, esta no era la primera vez que hablaba el idioma. Cuando terminó, todo lo que pude contestar fue: "Entendí lo que dijiste, pero realmente no tengo nada que agregar". ¡Yo hablo bastante! Al día siguiente, me envió un correo electrónico en el que describía las responsabilidades laborales, los requisitos y el compromiso que estaban buscando. Eran dos páginas llenas sin espacios de por medio. Creo que fue escrito para asustarme. No digo con esto que yo no le caía bien, sino que se tomaban en serio la idea de encontrar a alguien y no querían omitir ningún detalle o expectativa... y lo lograron.

Después de leer el correo electrónico, todavía estaba pensando en mis otras oportunidades. Había una que consideraba que tenía un salario inicial de tres veces la cantidad que pagaría el trabajo del ministerio en español. Debía ser el director de servicio al cliente de una gran compañía de seguros. A veces, me pregunto qué habría pasado si hubiera tomado ese trabajo. Probablemente tendría mucho más dinero, pero realmente creo que tendría mucho menos propósito. Después de mucha consideración, decidí tomar el trabajo de Misiones en Español.

Deshacerse del estrés exige cambios en nuestra vida. El crecimiento en todos los niveles requiere un cambio en alguna capacidad. Esta no es la primera vez que menciono esto, y no será la última. ¡Espero que se pegue! A veces, esperamos cambiar porque puede ser divertido y fácil. Otras veces, trae un nivel de incertidumbre que causa presión y estrés que crea ansiedad en nuestra vida que conduce a otras enfermedades. Muchas personas se conforman con la mediocridad en su ocupación porque no saben o no piensan que pueden utilizar sus talentos en su trabajo. ¡Esto no es cierto! Todos tenemos talentos y debemos buscar formas de incorporarlos a nuestros trabajos. Cuando usamos nuestros talentos y disfrutamos de lo que hacemos, el trabajo no parece trabajo. Es difícil tener ansiedad cuando te diviertes.

Todos los días, me levanto esperando las oportunidades que se me presentarán a través de mi trabajo. Cuando comencé en el año 2008, teníamos 2,300 estudiantes matriculados en nuestros cursos en línea de la Biblia en español. Ahora tenemos más de 30,000 estudiantes matriculados y un promedio de más de 2.6 millones de descargas por mes. Esto se suma a los miles de mensajes de Facebook que recibimos cada mes y a los 1,200 estudiantes que estudian con nosotros a través del correo postal regular. Solamente somos dos los que trabajamos en este ministerio para ocuparnos de toda la administración y correspondencia en línea. Tenemos la opción de sentirnos abrumados o levantarnos cada mañana y disfrutar de la oportunidad de atender las necesidades de tantos que buscan lo que ofrecemos. Como mencioné anteriormente en el capítulo, los niveles de estrés disminuyen cuando ayudamos a otras personas además de nosotros.

Si actualmente no tienes el trabajo de tus sueños, ¿podrías convertirlo en el trabajo de tus sueños? En tu profesión, ¿estás ayudando actualmente a facilitar la vida de tus compañeros de trabajo o empleados? ¿Qué podrías hacer para servir a los que te rodean? Cuando sientas que tus niveles de estrés aumentan, busca a alguien a quién ayudar. Es muy parecido al antídoto para el desánimo. Cuando te sientas desanimado, ve a animar a alguien.

Ya sea que estés buscando un empleo, que recién estés comenzando a trabajar o que hayas estado en la misma profesión durante muchos años, puedes utilizar T.R.I.A.L.S. para ayudar a reducir el estrés en tu vida diaria en tu trabajo. Para aquellos que buscan trabajo, les sugiero que se pregunten: "¿Puedo incorporar estas cualidades en la vida de las personas que me rodean?" Esto servirá más como prevención del estrés en lugar de reducirlo. Para aquellos que buscan reducir el estrés, el proceso para comenzar a implementar el método T.R.I.A.L.S. puede ser un poco incómodo, pero después de la incomodidad inicial, los beneficios de este método pronto se verán en sus relaciones en su trabajo.

Seamos prácticos con T.R.I.A.L.S. En todo tu estrés relacionado con el trabajo, ¿puedes mostrar las siguientes características? Como verás, la clave de cada una de estas cualidades es la comunicación. Siéntate y analiza cada una de estas áreas y busca maneras para mejorar o cambiarte a ti mismo para que reduzcas estrés. Es posible que ya seas algunas de estas cosas y solo necesites ayuda en una o dos áreas. Ponte metas. Sé razonable. Sé proactivo.

Transparencia: Antes de comprender lo que esto significa, es importante comprender lo que no significa. NO significa que perdamos nuestro filtro. Nuestro discurso siempre debe traer gracia a aquellos con quienes hablamos (ver Colosenses 4:6). Debemos comunicarnos con un espíritu tranquilo tan a menudo como sea posible, incluso cuando sea difícil. Desarrolla una actitud de "sí puedo".

¿Puedes ser abierto y honesto con tu jefe, compañeros de trabajo y empleados? Una de las claves para un gran liderazgo es la transparencia. Independientemente si eres líder o seguidor, debes comunicar claramente tus expectativas de los demás y de ti mismo. No guardes secretos. Causan estrés.

Responde estas preguntas: ¿Estoy haciendo todo lo posible para comunicarme claramente en el trabajo? ¿Cómo puedo mejorar?

¿Prefiero vivir con la ansiedad que viene con secretos/deshonestidad o la vulnerabilidad que viene de ser transparente? Los grandes líderes son transparentes. Elige la grandeza.

Responsabilidad: ¿Eres dueño de tus acciones o estás excusando y culpando a otros por problemas en el trabajo? Parte de aceptar la responsabilidad es admitir cuando estamos equivocados o necesitamos mejorar. A medida que creamos una atmósfera transparente en el lugar de trabajo, aceptar la responsabilidad de nuestras acciones es el siguiente paso para reducir el estrés en el trabajo.

Piensa en una cosa, quizás la más importante en el trabajo que necesitas admitir o mejorar. Ahora, da el siguiente paso para crear un cambio y ve cómo el cambio positivo reduce el estrés.

Intencionalidad: La reducción del estrés no va a suceder por accidente y tampoco lo hará el resto de estas cualidades. Efesios 5:15–17 enseña cómo debemos vivir con propósito al hacer el mejor uso de nuestro tiempo. Cuando elegimos pensar y dar un propósito a nuestras palabras y decisiones, el resultado suele ser mejor que cuando nos vemos obligados a reaccionar.

Ser intencionales nos permite ser proactivos en lugar de reactivos. En nuestra carrera, si tenemos la costumbre de ser intencionales con nuestro tiempo y nuestra energía, dejamos una impresión más duradera en quienes nos rodean. También tendremos la oportunidad de prevenir el estrés y reducirlo.

Aprecio: Una de las expresiones menos utilizadas en el idioma inglés es "gracias". A menos que alguien reciba un regalo, es posible que estas palabras nunca se usen y tal vez ni siquiera entonces (dependiendo de la persona). Si nos vamos a comprometer a ser transparentes, responsables e intencionales, el siguiente paso para disminuir el estrés y eliminar la ansiedad es vivir una vida de gratitud. El aprecio crea positividad y hace sonreír a la gente. Esto no solo creará un mejor ambiente para todos, sino que reducirá el estrés entre las personas cuando se aprecian mutuamente. Todos trabajamos mejor cuando nos sentimos apreciados.

Colosenses 3:15–17 nos dice que dejemos que Cristo gobierne en nuestros corazones y que estemos agradecidos. Piensa en una persona que realmente necesita saber cuánto él o ella es necesaria y apreciada en el trabajo. Sé la persona que muestre gratitud. Crea una actitud de gratitud entre todos tus colegas y disfruta del ambiente positivo que creas.

Límites: Todos tenemos límites. Si estás abrumado, puedes estar presionando o excediendo tus límites personales de lo que puedes manejar en el trabajo. Haz una lista de tus responsabilidades y descubre cómo puedes eliminar o delegar para no agregar estrés innecesario. Como ministro, me piden que haga mucho. A veces, es más de lo que puedo manejar, pero aún me cuesta decir "no" cuando alguien me pide que dirija otro estudio bíblico o enseñe otra clase. Necesitamos recordar que cada vez que decimos sí a algo, decimos "no" a otra cosa. Conoce tus límites y aprende a evitar poner más en tu plato de lo que puedes manejar. Esto requiere que seamos transparentes con nosotros mismos.

Incluso el gran apóstol Pablo tenía límites. No podía hacer todo. En Filipenses 2, envió la mejor ayuda que tuvo a la iglesia de Filipos para hacer lo que no podía. Haríamos bien en seguir su ejemplo para comprender cuándo podemos y no podemos lograr algo por nuestra cuenta.

Simplificar: Educamos a nuestros hijos en el hogar. Hace un tiempo, estaba enseñando a nuestra hija mayor fracciones y cómo 8/4 es igual a 4/2 y es igual a 2/1. Hay momentos en que un proyecto parece más grande de lo que es. La clave para simplificar en el trabajo es descubrir qué es necesario y qué no. Es posible que tengamos algunos hábitos o tareas que hacemos solo por hacerlas y nos toman mucho tiempo. Evalúa tus responsabilidades y hábitos y asegúrate de que las cosas que estás haciendo sean necesarias. ¿Quién sabe cuánto tiempo puedes ahorrar y cuánto más productivo puedes ser?

Esto no significa deshacernos de TODAS nuestras responsabilidades. La palabra "reducir" significa hacer más pequeño. Este es el objetivo con el estrés, pero una de las formas en que lo reducimos es reduciendo las cosas que provocan estrés. Si tienes demasiado en tu plato, piensa en una cosa que puedas delegar a otra persona, solicita ayuda para lograrlo o tal vez encuentra algo en tu plato que pueda no ser necesario en absoluto. Esto te ayudará en el trabajo. Cuando observemos las finanzas, será abrumador lo que simplificar reduce el estrés.

Motivación: Concéntrate en el área de tu trabajo que te da más estrés/ansiedad. Reserva al menos cinco minutos antes de cada día de trabajo y determina encontrar una manera de servir a alguien involucrado en esta área que te causa estrés. O bien, busca a otra persona que pueda estar lidiando con una situación estresante y ayúdalo a superarla.

Consejo: Haz tu trabajo como si Dios fuera tu jefe y Jesús tu compañero de trabajo. ¡Mira cómo se eleva la moral!

Oración: Señor, ayúdame a poner mi mente en las cosas celestiales. Libérame de la ansiedad a la cual decido aferrarme cuando el estrés es abrumador. Fortalece mi mente y dame el valor y la confianza que necesito para superar la debilidad.

PREGUNTAS A CONSIDERAR:

Transparencia:

¿Puedes ser abierto y honesto con aquellos a quienes supervisas o que te supervisan en tu trabajo? ¿Por qué sí o por qué no?

¿Quieres que los demás sean transparentes contigo?

¿Qué puedes hacer ahora para mejorar la transparencia dentro de tu lugar de trabajo?

Responsabilidad:

¿De cuáles tareas orientadas a metas eres responsable en el trabajo?

¿Cómo puedes mejorar tu ambición dentro de tus responsabilidades para crear un mejor ambiente de trabajo?

Intencionalidad:

¿Qué estás haciendo de manera intencional todos los días para deshacerte del estrés en el trabajo?

¿Cuáles actividades sin sentido te impiden rendir al máximo en el trabajo?

Si tienes un plan para reducir las actividades sin sentido y tener más productividad, ¿cuál es ese plan? Si no tienes un plan, ¡haz uno!

Aprecio:

¿Cuántas personas ves en el trabajo que hacen algo que rara vez es agradecido?

¿Cuáles 2 cosas puedes hacer para mostrar gratitud por tus compañeros de trabajo? ¡Comienza aprendiendo cómo quieren ser apreciados!

¿Tu gratitud depende de ser apreciado? ¿Por qué o por qué no?

Límites:

¿Cuáles son tus límites en el trabajo?

¿Tienes un plan para cuando te sientes abrumado al llegar a tus límites?

¿Cuál es ese plan?

¿Eres transparente con los que te rodean para que no te sobrecargues? De lo contrario, decide 2 cosas que puedes hacer para resolver este problema.

Simplificar:

¿Cuál es tu tarea más complicada del día? ¿Por qué es complicada?

¿Hay una manera más eficiente de hacer esta tarea?

¿Estás dispuesto a pedir ayuda a otros? ¿Por qué sí o por qué no?

Nuestros trabajos pueden ser una gran fuente de estrés y ansiedad en la vida. Esforcémonos todos por servir a los demás en nuestros lugares de trabajo y veamos que nuestros días serán más agradables. Si no amamos nuestro trabajo, al menos deberíamos amar la oportunidad que nos brinda para servir a los demás.

CAPÍTULO 6

FINANZAS Y ANSIEDAD

Recientemente me pidieron que impartiera una clase conjunta sobre matrimonio y familia. Estábamos cubriendo áreas desde el noviazgo hasta la muerte y todo lo que hay en medio. En los últimos 11 años, he tenido la oportunidad de enseñar acerca una amplia variedad de temas, incluyendo este. De hecho, he enseñado sobre el matrimonio y la familia en varios países de Sudamérica y Centroamérica. No tenía razones para ser reservado a la hora de enseñar este tema. Recién casado, enseñé una clase acerca matrimonio e incluso enseñé acerca del sexo y el matrimonio y no me sentí incómodo enseñando a un grupo de personas mayores que yo.

Aprendí rápidamente que preferiría enseñar sobre sexo que sobre dinero. ¿Por qué? La mayoría de nosotros podemos reírnos de nosotros mismos y especialmente de un maestro incómodo cuando se trata de hablar sobre la intimidad. Es más fácil hacer bromas y ser un poco alegre y mantener el enfoque cuando hablamos sobre cómo debemos tratar a nuestros cónyuges. Sin embargo, cuando se trata de hablar de finanzas, la mayoría de las personas son sensibles porque sienten que todos van a conocer su presupuesto, sus ingresos y cómo gastan su dinero. Preferiríamos no hablar sobre el tema en absoluto que decirle a alguien cuánto gastamos en la cena anoche o el automóvil que compramos el mes pasado. ¿Qué nos dice esto acerca del dinero? ¡Puede ser una de las mayores causas de ansiedad en nuestras vidas!

Por extraño que parezca, no solo me asignaron el tema de las finanzas en el hogar, también me asignaron el tema del matrimonio, el divorcio y las nuevas nupcias. Las dos causas más comunes citadas para el divorcio que encontré en toda mi investigación fueron la comunicación y las finanzas. ¿Qué debemos aprender de esta investigación? Si todos hablamos mucho y tenemos mucho dinero, ¿tendremos matrimonios exitosos? ¡Claramente este no es el caso! Nuestra visión del dinero y el estrés puede determinar en gran medida quiénes somos y cómo nos trataremos a nosotros mismos y a los demás.

Debido a que todos venimos de diferentes lugares y culturas, nuestra opinión acerca del dinero es diferente. Es difícil, tal vez imposible, encontrar una fórmula de "talla única" para determinar el punto donde las finanzas han causado ansiedad y cómo resolver este problema. Este capítulo no tiene la intención de ofrecer una solución a quienes se encuentran bajo la línea de pobreza para hacerse ricos o acusarlos de ser malos administradores financieros. No es para abordar problemas entre clases socioeconómicas de individuos. Mi meta es ayudarnos a todos a ser más responsables fiscalmente, tener una visión más saludable del dinero y comprender cómo afecta nuestros niveles de estrés.

A medida que comenzamos nuestro viaje para reducir el estrés y eliminar la ansiedad en relación con nuestras finanzas, quiero que tengamos en cuenta los principios que ya hemos analizado con respecto a la normalidad y la vida comparativa. Desafortunadamente, cuando se trata de nuestras finanzas, muchos de nosotros tenemos ansiedad porque valoramos las opiniones de los demás y lo que piensan de cómo generamos ingresos, cuánto salario ganamos y cómo lo gastamos.

¿Por qué nos preocupamos por las finanzas? ¿Es porque queremos más para nuestras familias de lo que teníamos al crecer? ¿Es por las facturas que debemos pagar? Casi todo lo que hacemos requiere que tengamos dinero. Nuestra comida, ropa, entretenimiento, servicios públicos, etc. ¡Casi nada en la vida es gratis!

Vemos el dinero y las posesiones de diferentes maneras, y cada una tiene potencial positivo y negativo cuando no se practica la moderación. Cuando era niño, se me refería comúnmente como el avaro en la familia. Recuerdo cuando uno de los amigos de mi padre vino a nuestra casa y nos dio a todos los niños un paquete de dulces Starburst, y también recuerdo cuando mis abuelos nos daban los dulces M&Ms. Yo me esperaba hasta que todos se habían terminado sus dulces antes de que incluso comenzara a comer los míos. Me encantaba ahorrar. También hice lo mismo con el dinero. No sé por qué administraba lo que me daban de la forma como lo hacía, pero funcionaba para mí. Cuando era niño, deuda no significaba nada para mí, pero al ahorrar significaba que yo podía disfrutar el dinero por más tiempo. Para todos los otros niños, la gratificación instantánea era muy importante. Ahora, como padre de cuatro hijos, puedo ver cuáles de mis hijos tienen el gen "avaro" y cuáles prefieren la gratificación instantánea. Me siento y me río porque estoy seguro de que mis padres hicieron lo mismo cuando yo era pequeño.

Cuando estaba en la secundaria, aprendí una lección invaluable de mi primo. Él sabía que yo ahorraba mi dinero y que estaba dispuesto a trabajar arduamente por el dinero. Él también sabía que yo me sentía como en la cima del mundo si encontraba dinero o ganaba dinero en un concurso de cualquier tipo. Recuerdo haber estado con él en una ocasión y ver un billete de diez dólares en el suelo. Me hubiera zambullido hacia el billete si alguien más lo hubiera estado buscando. Cuando tomé el billete en mi mano, grité "¡Sí!". Mi abrumadora emoción debió haberlo sorprendido de una forma no tan positiva. Me dijo que yo le daba demasiado valor al dinero. Pensé: "Eso es fácil para ti decirlo. No tienes que preocuparte por el dinero". ¿Alguno de nosotros tiene que preocuparse por el dinero? Fue entonces cuando mi perspectiva comenzó a cambiar. En ese momento, no me di cuenta del impacto que esto tendría en mí años después.

Avanzamos rápidamente a los años universitarios y las cosas no cambiaron mucho. Trabajaba duro cada verano antes de volver a la vida del dormitorio universitario, la cual apreciaba. Trabajaba en uno o dos trabajos durante el verano y ahorraba la mayor parte de lo que ganaba para poder divertirme mientras estaba en la universidad. Para mí, diversión significaba salir a comer varias veces a la semana.

Estaba en un plan de comidas que me permitía comer tres comidas al día en el comedor universitaria. Si bien me encantaba la comida de la cafetería, también me encantaba jugar fútbol y pasar horas en la sala de pesas del gimnasio todos los días. Esta combinación junto con un metabolismo muy alto significaba que iba a tener hambre fuera de las horas del comedor. Desafortunadamente, no administré mis fondos tan bien como debería haberlo hecho durante estos años. Aprendí que hay una diferencia entre no estar ansioso por el dinero y ser responsable al mismo tiempo.

De hecho, al final de mi segundo año universitario, había administrado mi dinero tan mal que confiaba en el dinero que recibía al revender mis libros a la librería para poner suficiente gasolina en mi camioneta y poder conducir cuatro horas de regreso a mi familia. Tan pronto como llegué a casa, sabía que mi madre me daría de comer, llenaría mi camioneta con gasolina y que podría volver a trabajar para tener la seguridad que sentía cuando tenía dinero en mi cuenta bancaria. Afortunadamente, no tuve una tarjeta de crédito cuando estaba en la universidad. Esta fue una de las mayores bendiciones durante mi experiencia universitaria. Hablaremos de las tarjetas de crédito más adelante en este capítulo. Si no tenía suficiente dinero en el banco para comprar algo, no lo podía comprar.

He visto escenas divertidas en programas de televisión acerca de la extraña idea de comprar cosas cuando no tenemos el dinero para pagarlas. Tim Clue es un comediante con un programa entero acerca de las deudas. Es uno de los actos más divertidos que he visto. Cuando tengas tiempo, busca en internet: Tim Clue y deuda (El audio original es en inglés). Siéntate y prepárate para reírte de la triste realidad que él retrata de una manera tan divertida. No te decepcionarás. Nuestra sociedad no está en la ruina financiera por accidente, sino porque hemos permitido que sea así. Por lo tanto, el estrés financiero se convierte en el próximo cliente en línea para lanzarse a nuestras vidas.

La ansiedad financiera no comienza por tener una gran cantidad de dinero y posesiones, ni por tener muy poca riqueza. Si investigas estudios acerca del estrés financiero, encontrarás (en la mayoría de los casos) uno de cada diez estadounidenses no siente estrés financiero. Esa es una estadística asombrosa para aquellos que están en la columna del noventa por ciento y relajante para aquellos en la columna del diez por ciento. ¿Es la ruina financiera una mala decisión? Para algunos, tal vez una decisión ha creado una situación financiera terrible. Sin embargo, para la mayoría, es una mala decisión tras otra lo que ha creado un estilo de vida de gastar más de lo que ganan. La mayoría de los grupos de investigación muestran que cerca del 50% de los estadounidenses se quedan sin dinero antes de su próximo cheque de pago y solo el 41% utiliza un presupuesto. ¿Tal vez hay una correlación? No busques ser una estadística; sé responsable.

El capítulo 6 de la primera epístola del apóstol Pablo a Timoteo es una mina de oro para nosotros cuando se trata de nuestra perspectiva sobre el dinero. El concepto impulsado en este capítulo trata acerca de la competencia eterna que consume nuestra existencia. Se trata de la vida, tanto física como espiritual. Nos dice: "echa mano de la vida eterna, a la cual asimismo fuiste llamado". Para echar mano o apoderarnos de algo debemos soltar lo que sea a lo que nos aferramos. Nuestro enfoque debe ser espiritual. En el versículo 10 de ese capítulo, Pablo dice que el amor al dinero es la raíz de todo tipo de maldad. Creo que esto es más cierto hoy que nunca.

Cuando tenía 12 años, comencé un negocio de limpieza de casas. ¿Por qué? Porque amaba el dinero. Realmente no me importaba si la gente vivía en casas limpias. Quería dinero y, por lo tanto, encontré formas de obtener la mayor cantidad de dinero posible y obtuve un buen dinero limpiando. Tuve que aprender a cambiar mi enfoque y mi perspectiva sobre el dinero.

¿Por qué amamos tanto el dinero? ¿Es natural? ¿Es algo que no podemos controlar? Hay varias razones por las que podemos amar el dinero. Espero que este libro te ayude a comprender que, independientemente

> *"El rico se enseñorea de los pobres, y el que toma prestado es siervo del que presta."*
> — Proverbios 22:7

de cuál área de la vida te cause estrés, tienes el poder de cambiar. Puedes cambiar tu actitud. Puedes cambiar tu perspectiva. Si el dinero es algo que te causa ansiedad, el cambio es imprescindible. Tenemos muchas herramientas y recursos disponibles para ayudarnos a tener una visión más saludable del dinero y reducir la ansiedad al mismo tiempo. Observa las lecturas que recomiendo al final del libro para obtener algunos de estos recursos.

Desafortunadamente, nuestra cultura hace que sea muy difícil ser responsables financieramente. Estamos constantemente rodeados de personas y compañías que nos convence que necesitamos el último y mejor _____ o la última y mejor _____. ¿Qué tan irónico es que mi país, Estados Unidos, hemos etiquetado la frase: "en Dios confiamos" en aquello en lo que confiamos más que en Dios? ¿Cómo puede tener esto sentido? ¿Confiamos más en el poder del dólar que consume a tantos de nosotros o en el poder de Dios que dice que Él nos proveerá?

"¡Si no te alcanza, no lo compres!" En Deuteronomio 8:18, leemos que Dios nos da el poder de ganar dinero o ganar riqueza. Ciertamente tenemos la responsabilidad de trabajar y mantenernos a nosotros mismos y a nuestras familias. Cuando pienso en todas las personas de la historia, no conozco a nadie más bendecido que el hombre llamado Job sobre el cual leemos en el Antiguo Testamento. ¿Por qué fue tan bendecido? Creo que tuvo mucho que ver con el hecho de que su enfoque no eran sus posesiones sino su confianza en Dios.

No hay nada malo en tener dinero o posesiones. Sin embargo, cuando nuestro deseo se convierte en nuestro amor por la creación en lugar del Creador, tenemos problemas. Experimentaremos ansiedad. La Biblia es nuestro recurso más valioso cuando se trata de cómo debemos ver y usar el dinero.

Uno de los versículos más desafiantes en relación con el dinero y las deudas se encuentra en Proverbios 22:7. Aquí dice: "El rico se enseñorea de los pobres, y el que toma prestado es siervo del que presta". No puedo pensar en nadie que quiera ser esclavo. Este principio debería cambiar la forma en que pedimos prestado y prestamos dinero. Quizás este es el versículo que tantos consultores financieros han utilizado para su enseñanza sobre no vivir en deuda. Esta es la fuerza que nos impulsa como familia para vivir bajo este principio. "Si no te alcanza, no lo compres".

¡No seas esclavo de la deuda! Al mismo tiempo, el principio es tan importante cuando se trata de prestar dinero. Cada vez que prestamos dinero a alguien, ese se convierte en nuestro esclavo.

Si no lo crees, presta dinero a alguien e intenta no juzgar cada decisión financiera que esta persona tome hasta que te devuelva el dinero que te debe. ¿Cómo te sentirías si le prestaras a alguien $500 porque dijeron que no tenían dinero para pagar sus facturas? Prometieron reembolsarte $100 por mes durante 5 meses. No estabas interesado en cobrar intereses porque, para ti, no era gran cosa. Después de todo, solo quieres ayudarlos. Imagínate encontrarte con ellos en los bolos o alguna otra actividad extracurricular y verlos gastar $200 en algo frívolo cuando todavía te deben dinero. Es difícil ver esto, y crea tensión y estrés entre nosotros y nuestros amigos o familiares cuando les prestamos dinero. Mi opinión ha cambiado a esto: si no puedo dar dinero a la persona que lo necesita, no lo doy.

En su mayor parte, nuestra cultura se consume con el deseo de tener más cosas. El comercialismo está en su punto más alto. Los planes de ahorro, el 401(K), las bonificaciones son todas partes de paquetes salariales que supuestamente atraen a un solicitante de empleo más que el trabajo en sí, el cual paga apenas lo suficiente para satisfacer tus necesidades. Sería difícil rechazar el trabajo mejor pagado por uno que simplemente satisfaga nuestras necesidades. Quizás estés pensando en este momento lo mejor que sería para ti tener un trabajo que te proporcionara una mejor estabilidad financiera. Sin embargo, si somos honestos con nosotros mismos, probablemente podríamos tener la paz financiera y la estabilidad en nuestra situación actual si aprendiéramos a vivir dentro de nuestros medios o incluso bajo nuestros medios. ¿Cómo podemos entender este concepto? Vivir dentro de nuestros medios es un concepto simple, pero requiere que tengamos buena memoria o que tomemos notas. Mi sugerencia es tomar notas. Hacer un presupuesto.

Las tarjetas de crédito pueden o no haber venido del diablo. Las tarjetas de crédito parecen existir para arruinar la paz financiera de las personas en nuestro país. Cuando estaba en la universidad, era común ver compañías de tarjetas de crédito establecidas alrededor del campus tratando de que los estudiantes se inscribieran. Regalaban una pizza entera a todos los que simplemente se detenían y les daban un nombre y un número de teléfono. Si soy sincero, ¡probablemente habría dado más que eso por la pizza! No pensé que se me permitiera tener una tarjeta de crédito, así que me complació brindarles información si no tenía que llenar la solicitud. Tenía varios amigos que estaban felices de firmar la solicitud y obtener la aprobación de estas excelentes instituciones para pedir prestado su dinero. Con una tasa de interés del 27%, ¡ellos iban a estar bien!

El único momento en que recuerdo haber tenido ansiedad financiera en mi vida es cuando hubiera usado una tarjeta de crédito si hubiera tenido una. Recuerdo que me preparé para volver a casa al final de un semestre en la universidad y no tener suficiente dinero en el banco para poner gasolina en mi tanque. Como mencioné anteriormente, recurrí a revender mis libros a la universidad por unos cientos de dólares para poder comer y llegar a casa. ¡Estos son libros por los que había pagado miles de dólares! Pero, en ese momento, no importaba lo que me hubieran costado si podían llevarme a casa.

Recibo ofertas de tarjetas de crédito todas las semanas por correo. Sin duda, algunos grandes beneficios provienen del uso de tarjetas de crédito para obtener recompensas y pagarlas cada mes. De hecho, estas recompensas son la única forma en que nuestra familia puede permitirse viajar de vez en cuando fuera del estado en que vivimos. De hecho, estoy editando el borrador final de este libro mientras estoy en un vuelo a California con mi esposa. Nuestro vuelo y estadía en el hotel se pagan por completo con puntos de recompensa. Sin embargo, las compañías de tarjetas de crédito nunca pierden. Si no tiene el autocontrol para comprar solo lo que puede pagar, mi sugerencia es no tener la tarjeta de crédito.

Como mencioné anteriormente, el propósito de este capítulo no es aumentar su riqueza, sino disminuir sus niveles de ansiedad que provienen de las finanzas. ¿Los mismos principios que reducen el estrés se aplican tanto a aquellos que tienen mucho dinero como aquellos que apenas les alcanza su dinero? ¡La respuesta es sí! ¿Es más fácil para un grupo que para el otro? Esta es una pregunta que solo puede responder la persona que sigue los principios.

Si tienes tiempo, te motivo a leer Eclesiastés 5:8-20 para obtener una lista de principios y otra forma de ver el dinero.

Unos meses después de casarnos, nuestras facturas comenzaron a llegar y el pago de los $80,000 que había tomado prestados para estudiar en la universidad no era nada bonito. Poco antes de aceptar mi trabajo actual, tuve algunas ofertas de trabajo que nos habrían dado ingresos de seis cifras. Mi esposa también estaba esperando una oferta de trabajo de una compañía farmacéutica que hubiera pagado más de lo que iba a hacer. ¿Crees que mi primer pensamiento fue pagar toda la deuda universitaria? ¡Ni un poco! No teníamos hijos y quería un auto deportivo. No importaba si podía pagarlo. Si podía financiarlo, podía comprarlo. Este principio caracteriza la mayor parte de nuestra cultura. Con los ingresos que anticipamos, podríamos haber pedido prestados $600,000 para una casa encima de los autos que queríamos conducir. Estábamos en camino a ser esclavos del banco y las instituciones financieras por el resto de nuestras vidas. ¡Afortunadamente, me casé con una mujer muy sensata!

La clave para entender el texto que vimos en el capítulo uno (Mateo 6:25–34) es mirar el versículo que viene inmediatamente antes del versículo 25. Jesús dice: "Ninguno puede servir a dos señores". Si deseamos vivir sin la ansiedad que proviene de las finanzas, no podemos amar el dinero. Debemos amar a Dios primero, no solo en palabras o pensamientos, sino en acción.

Otros beneficios provienen de no estar centrados en nosotros mismos cuando se trata de nuestras finanzas. En 1 Timoteo 5:8, también tenemos la responsabilidad de proveer para los nuestros. Pablo utiliza el lenguaje más fuerte para describir a alguien que no cuida a su familia. Él dice que son peores que un incrédulo.

1 Juan 3:17 nos enseña: "Pero el que tiene bienes de este mundo y ve a su hermano tener necesidad, y cierra contra él su corazón, ¿cómo mora el amor de Dios en él?"

Una clave para entender estos versículos es saber que debemos cuidarnos a nosotros mismos antes de poder cuidar a otras personas. Conozco personas que son generosas hasta la exageración. Es posible que apenas tengan suficiente para cubrir sus propios gastos, pero si ven a alguien que lo necesita, pedirían dinero prestado para ayudar a alguien y luego lo agregarán a su propia deuda personal. No creo que Dios quiere que vivamos así.

También hay algunos que no tienen preocupaciones financieras en absoluto. ¿Cómo responde la persona que tiene más que suficiente a la responsabilidad financiera? Sigue leyendo en 1 Timoteo 6:17–19. En resumen, aquellos con más dinero del que necesitan, tienen la responsabilidad de ayudar a los que no tienen. También se les instruye a disfrutar lo que tienen. Punto. Si esta es la categoría en la que te encuentras, disfruta de tu bienestar y ayuda a los necesitados. No está hecho para que las personas se empoderen, sino para ayudarlos con sus NECESIDADES.

Quiero compartir con ustedes dos principios claves que han sido útiles para mi familia para reducir el estrés y la ansiedad relacionados con el dinero.

PRINCIPIO # 1 - EL DINERO NO TE HACE RICO, LA PERCEPCIÓN SÍ.

No he hecho una investigación para mostrar en cuál categoría de estadísticas te encuentras basado en tu situación financiera actual. De hecho, no he hecho la investigación para averiguar a cuál categoría de las estadísticas pertenezco yo porque realmente no importa. Tus ingresos, el tamaño de tu familia, tus gastos, etc. son personales para ti como los míos lo son para mí. Quiero compartir con ustedes información personal y cómo mi esposa y yo hemos podido usar estos dos principios para superar una gran cantidad de deudas y mantener un matrimonio saludable con muy poco estrés y ansiedad financiera. No todos tendrán las mismas oportunidades que tuvimos para deshacernos de nuestra deuda. Algunos tienen mayores oportunidades y otros menos. Espero que mi historia te sea útil.

Mi esposa y yo dijimos "Sí, acepto" unos dos meses después de graduarnos de la universidad. Nos mudamos a Arkansas con planes de conseguir trabajo y comenzar a vivir el sueño americano. No teníamos idea de lo que nos esperaba. Vivimos con mis padres durante ocho meses mientras decidíamos si alquilar, comprar o construir una casa. Debido a los trabajos que nos ofrecieron, decidimos construir. El banco fue amable al permitirnos mudarnos y no hacer nuestro primer pago de la hipoteca hasta 45 días después de cerrar el trato. Era como vivir en una casa nueva durante un mes sin tener que pagarla. No sabíamos que estaríamos pagándola como una inversión. Cuando tuvimos que realizar el primer pago, decidí sentarme y crear un presupuesto para nuestra familia, que sería solo nosotros dos durante aproximadamente otro año.

Todavía no estoy seguro de cómo sobrevivimos financieramente durante el primer año de nuestro matrimonio. Me gradué de una universidad privada. Incluso con dos becas diferentes, estaba atado con $858 por mes de pagos de préstamos estudiantiles. La buena noticia es que solamente era durante un plazo de 15 años. A ese ritmo, mi educación de $80,000 solo me costaría unos escasos $154,400 para cuando terminara de pagar, a menos que encontrara una forma de pagar antes. ¡Esas tasas de interés estaban haciendo a alguien rico y no era yo!

Tuvimos la suerte de construir una bonita casa y mantenernos dentro del presupuesto para mantener nuestro pago de la hipoteca ligeramente más bajo que los pagos de mi préstamo estudiantil. ¡Qué bendición fue esa! Por supuesto, las personas hipotecarias amables no pudieron depositar nuestros impuestos, por lo que recibimos un aumento de $200 por mes después de los primeros seis meses.

¡Sentí que nos entregaron una de las tarjetas sorpresa en un juego de mesa como Monopoly, y no una de las buenas!

Allí nos sentamos en nuestra sala de estar una noche tratando de hacer que todos los números tuvieran sentido. Acababa de cambiar de trabajo y recibí un aumento salarial decente. Llevaba a casa alrededor de $700 por semana. Kristen seguía esperando recibir noticias sobre una oportunidad laboral y estaba contemplando continuar su educación, lo cual era un requisito para un trabajo diferente del cual estaba investigando. Si pausamos y hacemos un poco de matemática, hubo un corto período de tiempo cuando generábamos $2,800 por mes y gastábamos $1,800 en nuestros préstamos hipotecarios y estudiantiles. Eso nos dejaba $1,000 al mes para pagar un seguro, pagar una mensualidad de automóvil, teléfonos, comida y servicios públicos. No estoy seguro cómo podíamos pagar la comida. Aunque sí recuerdo tantas citas románticas en el Taco Bell donde dividíamos un burrito relleno a la parrilla y un vaso de agua. ¡Es difícil superar una cita de $3.30! Ahora, no puedo imaginar qué pasaría si comiéramos en un Taco Bell, pero no sería bonito. . . ¡espera el capítulo sobre salud y estrés!

Me gustaría decir que estábamos financieramente preparados para el primer año de matrimonio, pero no lo estábamos, ni un poquito. Teníamos grandes esperanzas de ir a citas extravagantes y viajar como lo hicimos en nuestra luna de miel, que fue a expensas de otra persona. A pesar de que no estábamos preparados para las facturas que se nos presentaban, nuestra situación financiera no nos causó gran estrés. No habíamos sido irresponsables. No estábamos comprando artículos extravagantes de ningún tipo. Hubo un par de lecciones que tuvimos que aprender a través de la experiencia. Estas experiencias nos permitieron entender que uno puede ser financieramente responsable y no estar estresado al mismo tiempo.

Nuestra meta era la felicidad, no la riqueza. Nuestra visión del dinero era simple. Es una herramienta. Pagaba las facturas. Ayudaba a la gente. Necesitábamos dinero, pero no amábamos el dinero. Apenas podíamos pagar nuestras cuentas, pero podíamos. Si me preguntas si fuimos ricos durante nuestro primer año de matrimonio, diría ¡absolutamente! No se trata de cuánto ganas: se trata de cómo administras lo que tienes. En ese momento, tenía un valor neto negativo y todavía me sentía como uno de los hombres más ricos del mundo. Eso significa que si hubiera vendido todo lo que poseía y lo hubiera agregado al efectivo que tenía en el banco y luego hubiera restado toda mi deuda, habría valido $100,000 negativos. ¡Me sentía bien!

Estaba tan feliz y contento entonces como lo estoy ahora, y mi patrimonio neto es positivo. ¿Cómo puedo ser rico si valgo $100,000 negativos o $100,000 positivos? ¡Percepción! Mi patrimonio neto no es de $1,000,000, pero si lo fuera, me gustaría pensar que mi percepción del dinero no cambiaría. Si ponemos nuestro valor en dinero, necesitaremos mucho dinero para sentirnos valiosos. Si ponemos nuestro valor en la familia, la fe, las amistades y las experiencias, ser rico es mucho más alcanzable y mucho menos estresante.

PRINCIPIO # 2 - LAS POSESIONES NECESITAN UN PROPÓSITO.

El segundo principio puede ser más difícil de apreciar. Tiene que ver con asignar propósito a las posesiones. A primera vista, esto puede no parecer tan desafiante. Sin embargo, si tuvieras que sentarte en una habitación sin nada y hacer una lista de todo lo que NECESITAS, ¿cuán larga sería nuestra lista? ¿Se extendería más allá de la comida, la ropa y el refugio? ¿Qué pasaría si tuvieras que vender o deshacerte de todo lo que no necesitabas? ¡Agradece que tampoco tienes que hacerlo!

Hace unos años, mi esposa leyó un libro sobre minimalismo y cambió la forma en que consideramos las posesiones. Leer el libro nos hizo querer aprender más de las personas que vivían un estilo de vida minimalista. Dos hombres que se hacen llamar minimalistas viajan por el país hablando con la gente acerca de los beneficios de vivir con menos. Es difícil discutir con la mayoría de lo que tienen que decir.

Quiero desafiarnos a todos a dar un propósito a nuestras posesiones. Es posible que no podamos cambiar las compras que ya hemos realizado, pero si comenzamos donde estamos ahora, nuestro futuro será mucho más brillante y menos estresante. El hogar estadounidense promedio tiene 300,000 artículos. ¿Cuantos tenemos? ¿Necesitamos todo en nuestra casa? Cuando leí este hecho por primera vez, pensé "ni siquiera estoy cerca de 300,000", pero cuanto más lo analizaba, menos impresionado estaba con lo que poseía.

Uno de los grandes cambios que nuestra familia ha realizado en los últimos años es deshacerse de nuestro exceso. Hemos construido varias casas, lo que significa que nos hemos mudado varias veces. En once años de matrimonio, hemos tenido trece direcciones diferentes. Esto incluye cinco apartamentos. Cuando te mudas tantas veces, aprendes mucho sobre lo que necesitas y lo que no necesitas. Una de las mejores lecciones que hemos aprendido fue cuando estuvimos en un apartamento durante tres meses. Llevamos todo lo que necesitábamos al apartamento y guardamos todo nuestro exceso mientras estábamos construyendo. Cuando terminamos de construir nuestra casa, nos dimos cuenta de que si no necesitábamos las cosas que teníamos almacenadas durante tres meses, no las necesitábamos en absoluto. En ese momento, comenzamos a reevaluar nuestras posesiones y cuáles tenían un propósito y cuáles no.

Tenemos tantas cosas en nuestra casa que no necesitamos y que alguien más puede realmente necesitar. Nadie necesita diez pares de zapatos o doce pares de pantalones cortos de vestir. ¡Así es, tenía doce pares de pantalones cortos de vestir en un cajón! Solamente al observar nuestra ropa ya vemos mucho exceso. Me deshice de la mitad de mi armario y aún sentía que tenía más de lo que necesitaba. Cada año, reviso mi closet y veo las camisas que tengo. Si hay una camisa que no usé durante un año, me deshago de ella.

Uno de los desafíos que conlleva un armario se remonta a lo que discutimos en el capítulo uno. Le damos mucho valor a lo que otros piensan de nuestra ropa. Nos estresamos por asegurarnos de no usar el mismo atuendo dos veces en una semana a menos que estemos seguros de que no nos toparemos con alguien que vimos cuando lo usamos la primera vez. Predico casi todos los domingos. Me gusta vestirme cuando enseño. Tengo dos trajes y 6 corbatas. Solía preocuparme por cambiar mi corbata todas las semanas para que pareciera que llevaba algo diferente a la semana anterior. He aprendido que a la gente no le importa mucho mi ropa. Sé que no presto suficiente atención a lo que otros se ponen cada semana para notar si andan puesto lo mismo que usaron la semana anterior. Esto podría deberse en parte a que tengo cuatro hijos, pero la verdad es que no me importa si alguien tiene solo un conjunto de ropa de "iglesia". No tiene diferencia.

Tener menos es más liberador de lo que puedes imaginar.

El consumismo también dificulta minimizar las posesiones o darles valor. Hace años decidimos deshacernos del cable para proteger a nuestros hijos de las muchas cosas que la televisión les dice que necesitan. Tienen más juguetes de los que necesitan, pero aún así no tienen muchos. Cada vez que quieran comprar algo nuevo, les pedimos que elijan deshacerse de uno o más juguetes. Esto hace que sea mucho más fácil deshacerse del desorden y evitar que se acumule en nuestra casa.

Vivir en una era digital también nos ayuda a evitar el desorden. Tenemos algunas copias impresas de imágenes y libros ilustrados, pero la mayoría de nuestros recuerdos se encuentran en un disco duro, una computadora o en una nube. Utilizamos algunas fotos con pocos muebles para decorar nuestra casa. No somos demasiado sentimentales con respecto a ninguna de nuestras posesiones, lo que nos ayuda a darles un propósito.

También hemos simplificado nuestra cocina. Antes de tener hijos, teníamos suficiente vajilla para alimentar a 40 personas. Puedo recordar las veces que necesitamos todos esos platos. Ninguna. Cero. Nunca hubo una ocasión en que estábamos alimentando a tanta gente, así que ¿por qué teníamos todos esos platos? No fue hasta hace unos años que nos dimos cuenta de que se nos permitía deshacernos de los platos que no necesitábamos ni usábamos. Hay muchas personas a las que les encantaría tener algunos platos de calidad y encontramos a alguien con una necesidad y los donamos. Estoy bastante seguro de que estábamos más felices de deshacernos de los platos que los destinatarios de recibirlos.

Aprender a minimizar las posesiones y dar propósito a lo que tenemos puede ser una transición difícil por muchas razones. Nos gustan las cosas. Estamos entrenados para que nos gusten las cosas. A nuestros hijos les gustan las cosas. Ya tienes la idea. Cuando nos deshacemos de las cosas que nos gustan, puede parecer autodespreciativo. También nos preocupa lo que sucederá si nos deshacemos de un artículo que nos regaló un amigo cercano o, especialmente, un miembro de la familia. Recientemente, mi esposa estaba dando un seminario sobre la limpieza del hogar y la mente. Durante el seminario, ella explicó cómo no tenemos que guardar los regalos que no pedimos recibir. Tampoco tenemos que guardar los regalos que pedimos, especialmente si ya no tienen un propósito. Cuando recibió miradas preocupadas de los miembros del público, dijo: "Te doy permiso para deshacerte de las cosas en tu casa que estás guardando solo porque alguien te las dio". Las expresiones de alivio en algunas de los rostros no tenían precio.

No soy un acumulador. Cualquier domingo, verás que llevo puesto uno de tres atuendos. Eso cambió recientemente cuando perdí los pantalones en el aeropuerto. No encontrarás un armario lleno de ropa en mi casa. Tener menos es más liberador de lo que puedes imaginar. Si no lo crees, te reto a que lo pruebes. Pronto, encontrarás más propósito en lo que tienes.

Mis padres y mis suegros han aprendido a pensar realmente antes de comprarnos algo. Debido a que no nos aferramos a mucho y no nos gusta que desperdicien su dinero, les hemos alentado a que no nos compren a nosotros ni a los niños regalos materiales a menos que sean prácticamente beneficiosos. La Navidad pasada, por primera vez, nos enfocamos en regalar experiencia, no en regalar regalos. Ha sido la temporada más gratificante en nuestro matrimonio. Mis padres están dando clases de costura y lecciones de construcción de proyectos a mis hijos. Otros están obteniendo citas especiales uno a uno con Mimi o Nana en lugar de un juguete que podrían usar durante diez minutos. Los regalos de tiempo y los momentos educativos son mucho más valiosos que las cosas. Me gustaría motivarnos a todos a pensar en cómo minimizar el exceso para que podamos apreciar más las posesiones que necesitamos en nuestra vida.

Uno de los grandes desafíos que enfrentamos en la actualidad es enseñar a la próxima generación la importancia de la responsabilidad financiera y la previsión. Estamos tratando de hacer esto en nuestra casa enseñándoles a nuestros hijos la necesidad de invertir tiempo en su futuro antes de que inviertan dinero. La mayoría de los niños en edad de secundaria se preparan para ir a la universidad en los primeros meses después de recibir su diploma. Muchos chicos reciben becas de algún tipo e incluso algunos reciben becas completas. Esto deja a la mayoría pidiendo prestado decenas de miles de dólares para recibir una educación que puede o no ayudarlos en su viaje en una carrera incierta.

¿Qué sucedería si ayudáramos a nuestros hijos a obtener la mayor experiencia posible en diferentes áreas de interés para que puedan aprender cuáles son sus pasiones mientras están en la secundaria? ¿Qué sucede si cuando se gradúen, los motivamos a ser voluntarios en sus campos de interés y obtener posibles pasantías para que puedan aprender qué carrera desean seguir? Muchas personas se gradúan de la universidad sin estar seguros de lo que quieren hacer o sin un plan. Uno de mis compañeros de cuarto de la universidad se graduó con un título en gestión de recursos humanos. Todos los trabajos que solicitó querían un graduado universitario con un mínimo de cinco años de experiencia. ¿Cómo se obtiene experiencia sin oportunidad? Nuestro plan es buscar oportunidades antes de invertir en educación. ¿Quizás nuestros hijos encontrarán una manera para que su empleador pague por su universidad mientras trabajan? De cualquier forma, debemos enseñar a la próxima generación la importancia de planificar con anticipación la educación y las finanzas. No deseo una deuda educativa de $80,000 a cualquiera que solo pueda encontrar un trabajo que comience en $30,000 al año. ¡Esos números nunca tendrán sentido!

Un área que quiero mencionar brevemente acerca del dinero antes de analizar el método T.R.I.A.L.S. es la benevolencia. Desde el principio de los tiempos, Dios siempre ha sido un dador. De hecho, siempre ha sido el mejor ejemplo de generosidad conocido por el hombre. Cuando consideramos formas de devolver, espero que siempre tengamos en cuenta los principios que hemos analizado. Debemos cuidarnos a nosotros mismos, a nuestras familias y luego a los demás, especialmente a los que pertenecen a Dios. También es importante que nuestra actitud coincida con nuestras acciones. Si dar a Dios u otros nos causa ansiedad, debemos reconsiderar nuestra actitud hacia el regalo. El dinero es una herramienta que Dios nos ha prestado para ayudarnos a nosotros mismos y ayudar a los demás. ¡Asegurémonos de utilizarlo sabiamente!

Independientemente de tu situación actual, las principales claves para prevenir la ansiedad relacionada con el dinero en el matrimonio se pueden encontrar en T.R.I.A.L.S. Si se siguen todos los pasos, es posible que no seamos ricos, pero no tendremos que preguntarnos a dónde se va todo nuestro dinero. Cada una de estas características debe comunicarse claramente entre quienes participan en una unión financiera. Sin importar si estás soltero o en una relación, estas seis cualidades deben existir para reducir el estrés financiero y eliminar la ansiedad.

Transparencia: No puede haber secretos cuando se trata de finanzas. Debemos ser honestos con nosotros mismos y honestos con nuestros cónyuges. Algunos de los mayores problemas surgen cuando realizamos compras que afectan a otras personas, pero ellos no saben de tales compras. Debemos hacer todo lo posible para comunicar nuestras decisiones financieras a aquellos a quienes afectan. A nadie le gusta quedar sorprendido en ninguna situación, especialmente con dinero.

Si quieres ser práctico, haz un presupuesto e intenta ser lo más exacto posible. Escribe tus ingresos y luego escribe una lista detallada de los gastos. No escribas lo que quieres que sean, escribe lo que ya son exactamente. Obtén extractos bancarios y extractos de tarjetas de crédito y observa cuánto gastas realmente en alimentos, ropa, vivienda, servicios públicos, entretenimiento, pasatiempos, etc. Puede que te sorprendas o incluso te decepciones a dónde va todo tu dinero. ¡Yo sí me decepcioné cuando preparé el presupuesto por primera vez! La clave para controlar nuestras finanzas y eliminar el estrés comienza con la comprensión de cómo gastamos nuestro dinero y su propósito. Si haces esto antes de casarte, tienes una gran ventaja y serás una gran bendición para tu futuro cónyuge. Si estás casado, nunca es demasiado tarde para comenzar a hacer un presupuesto. Si no podemos ser honestos con nosotros mismos, ¡no seremos honestos con los demás y tendremos ansiedad!

Responsabilidad: Es vital ser dueños de nuestras decisiones del pasado y del presente. Si tenemos deudas, debemos pagarlas. Debemos comprender la necesidad de pensar antes de gastar porque algunas decisiones financieras pueden tener consecuencias para toda la vida. Así como crear un presupuesto ayuda con la transparencia, esto realmente ayuda con la responsabilidad. Ser responsables también significa que nos atenemos al presupuesto que creamos. Cuando la transparencia se combina con la responsabilidad, la siguiente clave para reducir el estrés es la intencionalidad.

Intencionalidad: Ser intencionales tiene que ver con el propósito y la planificación. Si somos intencionales con la forma en que invertimos el dinero, no habrá compras "accidentales". Cada compra que hagamos debe pensarse lo suficientemente bien como para que no afecte nuestro presupuesto y nuestras finanzas de forma negativa. Si hacemos un plan para nuestras finanzas y nos apegamos al plan, el resultado será un estrés reducido. Si ir de compras es un mecanismo de defensa, ¡encuentra uno nuevo! ¡Asegúrate de que tu compra tenga un propósito!

Aprecio: Cuando las personas están dispuestas a ser transparentes, responsables e intencionales, debe haber agradecimiento. No siempre es fácil ser transparente y tomar decisiones responsables. Desarrolla una actitud de gratitud. Cuando tú u otra persona se comunican y se comprometen con estas tres primeras cualidades, reducir el estrés financiero puede convertirse en una aventura divertida que nos lleva a comprender nuestros límites.

Límites: Todos los tenemos. La persona más rica del mundo y el hombre que no posee más que la camisa que lleva puesta tienen límites. La clave para comprender los límites es el espacio. Nos encontramos en problemas cuando superamos los límites financieros. El mayor beneficio de mantenerse alejado de los límites financieros es tener un poco más a fin de mes para ayudar a alguien que lo necesita. El mejor reductor de estrés en mi vida ha sido ayudar a otros. Puede ser ayudándoles a donar tiempo y energía, pero el dinero también es una necesidad que muchas personas tienen, especialmente si han pasado por una tragedia. Es posible que tengamos que prescindir o sacrificar parte de nuestro "dinero de recreación" para ayudar a alguien, pero la disminución del estrés es mucho más valiosa que la diversión que podríamos haber experimentado.

Simplificar: El estrés es el resultado de demasiado. Ya sea que tengamos demasiadas cosas, demasiada responsabilidad, demasiada autoridad que se nos ha dado, demasiada _____. El estrés llega cuando sentimos que no podemos manejar la carga en nuestra espalda y la presión parece insuperable. Encontrar formas de desintoxicar o simplificar las presiones de la vida ayudará a reducir el estrés que proviene de demasiado.

Cuando consideramos el trabajo y las finanzas juntos, debemos hacernos la pregunta: "¿Por qué trabajo tanto?" Si trabajamos más horas o buscamos constantemente un trabajo mejor remunerado con el cual podamos ganar más dinero para pagar más cosas, quizás deberíamos considerar nuestro activo más valioso.

El Tiempo. Si podemos desafiarnos a nosotros mismos para simplificar la vida y no desear tantas cosas, tendremos más tiempo para disfrutar las cosas que ya tenemos y las personas que nos rodean. Si estamos trabajando para pagar las cosas que "teníamos que tener" que están financiadas, tal vez deberíamos considerar deshacernos de algunos de nuestros juguetes para no tener que trabajar tanto para pagarlos.

Comienza donde estás. Utiliza lo que tienes. Haz lo que puedas.

Motivación: Si tienes varias deudas, haz un plan para deshacerte de una deuda. Puede ser un plan a corto plazo o un plan a largo plazo, pero haz un plan. Apégate a ello. Debemos ayudarnos a nosotros mismos antes de poder ayudar a otros.

Encuentra una forma de utilizar los recursos que tienes para ayudar a alguien que nunca lo descubrirá o que no lo esperaría.

Consejo: Si no puedes pagarlo, no lo compres. Punto.

Oración: Señor, gracias por tu generosidad y provisión. Ayúdame a valorar a las personas y la eternidad. Ayúdame a no valorar las cosas de este mundo. Ayúdame a ser responsable por las decisiones que he tomado en el pasado y ayúdame a respetar el presente. Que mis pasos sean de adoración, que mis pensamientos sean de alabanza mientras intento ser un buen administrador de las abundantes bendiciones que me has proveído. Ayúdame a ser generoso con los demás, no solo cuando lo piden, sino cuando veo una necesidad. Que seas glorificado en mi vida. Amén.

PREGUNTAS A CONSIDERAR:

Transparencia:

¿Hay alguna compra que hice en el último año que no quisiera que nadie supiera? ¿Por qué?

¿Estoy dispuesto a ser honesto conmigo mismo y comprometerme a crear un presupuesto?

Responsabilidad:

¿Qué he hecho recientemente que mejoró mi responsabilidad con mis finanzas?

¿Estoy al día en los pagos con todas mis deudas?

¿Tengo alguna deuda que pueda pagar en los próximos 2 meses para comenzar mi proceso de quedar libre de deudas?

Intencionalidad:

¿Cuál es mi plan para asegurarme de pensar antes de cada compra que hago?

¿Necesito un socio responsable para asegurarme de que todas mis compras tengan un propósito? ¿Quién sería?

Aprecio:

¿Cuáles son 2 formas que no cuestan dinero con las que puedo mostrar agradecimiento a mí mismo y a otros?

¿Quién fue la última persona cercana a mí por la que mostré gratitud con algo más que mis palabras?

¿Estoy dejando el legado de una persona que es agradecida? ¿Cómo lo estoy logrando?

Límites:

¿Estoy dispuesto a admitir mis límites cuando se trata de mis finanzas?

¿Qué estoy haciendo para mejorar mi autocontrol y tener un plan para cuando el presupuesto está ajustado?

¿Cómo me estoy preparando para asegurarme de que mis límites sean realistas y que no sean bordes ficticios?

Simplificar:

¿Cuál es mi plan para simplificar?

¿Cuáles son los 2 artículos de mi vida que puedo eliminar porque ya no tienen un propósito?

¿Tengo una lista de verificación de criterios para compras que me endeudarán? ¿Necesitaré crear una lista?

Al mirar hacia el futuro de nuestras finanzas, espero que podamos ser prudentes con cada compra. Espero que podamos desarrollar el autocontrol en esta área muy personal de nuestra vida. Si no operamos con un presupuesto, hagamos de esto una meta, no para el próximo año, ¡sino para ahora! Si deseas ayuda para crear un presupuesto, envíame un correo electrónico a chase@trialsbook.com y te enviaré una hoja de Excel con categorías y fórmulas para calcular las facturas mensuales versus los ingresos mensuales. Es lo que yo utilizo y ha sido muy útil para nuestra familia.

CAPÍTULO 7

SALUD Y ANSIEDAD

No encontrarás mucha información acerca de A.J. Reb Materi. Sin embargo, se destaca por haber dicho "Muchas personas gastan su salud para ganar riqueza, y luego tienen que gastar su riqueza para recuperar su salud" ("A.J. Reb Materi Quotes"). Esta es la triste realidad que muchos adictos al trabajo se encuentran viviendo. La ansiedad que resulta de la forma en que respondemos al estrés en nuestra vida personal, trabajo, matrimonio, hijos y finanzas a menudo nos lleva a una mala salud.

Cuando era niño, yo sabía todo. TODO. Bueno, lo sabía todo excepto las cosas que no sabía. Mis padres pueden dar fe de esto. Cuando se trataba de la vida, sabía lo que quería. A los 8 años, recuerdo haberle dicho a mi papá que quería ser fisicoculturista. Quería parecerme a los tipos que veíamos en ESPN ganando la competencia mundial del hombre más fuerte. Como si fuera ayer, puedo escuchar a mi papá diciendo: "No, no lo harás. No vas a pasar 6 horas al día en el gimnasio y comer una cantidad increíble de comida todos los días". Me había convenció, en ese momento, tenía razón.

Cuando llegué a la universidad, tenía una energía renovada y un metabolismo elevado que me llevó de regreso a mi joven deseo de ser fisicoculturista. Yo estaba muy equivocado en mi forma de pensar. Para la mayoría de los atletas en secundaria y universidad, la salud física se puede resumir en una fórmula similar a: Proteína = Buena, Grasa = Mala, Ejercicio = Bueno, Pereza = Mala.

Sabía que podía comer lo que quisiera si lo gastaba en el gimnasio. Durante 4 años, pasé 2 horas al día en el gimnasio, para poder pasar 2 horas al día en el comedor. ¿Te imaginas el estrés por el que puse a mi cuerpo? Durante este período, probablemente podría haber participado en competencias de fisicoculturismo, pero estaba demasiado ocupado como para comprometerme con algo de esa naturaleza.

El último año que estuve en la universidad, conocí a la mujer con la que deseaba construir mi vida. No tengo palabras para decir las muchas, muchas formas positivas en que ella cambió mi vida. He mencionado varias de estas formas en este libro. Antes de entrar en detalle acerca de cómo se relacionan la salud y el estrés, la lección más importante que aprendí sobre la salud física y el estrés es el papel de la genética. La salud y el estrés pueden ser muy subjetivos porque todos tenemos un código genético diferente. Todos tenemos médicos que nos dan diferentes instrucciones para problemas similares de salud y peso, entonces es difícil encontrar la mejor forma.

El desafío más difícil que enfrentamos en lo que respecta a nuestra salud y estrés es la naturaleza en la que todos somos creados. Todos tenemos una composición genética única que hace imposible dar el mismo protocolo e instrucciones medicinales a dos personas con el mismo problema. A lo que estamos expuestos mientras estamos en el útero y durante nuestra infancia juega un papel significativo en nuestro desarrollo a medida que envejecemos. Algunas personas han tomado varios tipos de medicamentos durante tanto tiempo que su sistema inmunitario no responde igual que antes.

Saludable es simplemente evitar cosas que perjudican nuestro funcionamiento normal.

Cuando se trata de salud y estrés, primero debemos dar una definición legítima a la palabra saludable. Cuando era joven, mi definición de saludable significaba flaco o atlético. Sobrepeso no significaba necesariamente que no fuera saludable, pero tampoco tenía una connotación positiva. Recuerdo haber establecido una meta cuando tenía 13 años que no quería tener sobrepeso. Este objetivo fue parte de mi motivación para practicar deportes. Estoy consciente que no todos pueden o quieren practicar deportes, pero todos necesitamos tener un componente de ejercicio en nuestra salud.

Cuando busqué la palabra "saludable" en el diccionario en línea de Merriam-Webster, su definición me sorprendió. Lo que más destacaba era la palabra enfermedad. Saludable significa libre de enfermedades (https://www.merriam-webster.com/dictionary/healthy).

La enfermedad es una condición que deteriora el funcionamiento normal. Si lo ponemos todo junto, saludable es simplemente evitar cosas que perjudican nuestro funcionamiento normal.

Existen varios tipos de salud, pero para este capítulo, nos centraremos en dos componentes de la salud física y cómo se relacionan con el estrés. Si tiene preguntas sobre la salud mental, psicológica y emocional, T.R.I.A.L.S. puede ayudarte hasta cierto punto, pero te sugiero que busques un profesional calificado para aconsejar acerca de la salud específica que necesitas.

Tenemos dos componentes para nuestra salud física. La nutrición y el ejercicio son los elementos clave que dan forma a nuestros cuerpos. Antes de entrar en detalle sobre ambos temas, es importante recordar que los factores subyacentes más importantes en cualquier meta nutricional o plan de acondicionamiento físico es nuestra genética. Algunas personas no deben comer sal mientras que otras azúcares. Algunos pueden comer pan y granos, mientras que otros no. Algunos cuerpos pueden correr largas distancias y saltar sin dolor en las articulaciones. Otros tipos de cuerpo tienen problemas para tocarse los dedos de los pies o hacer sentadillas. Nadie es lo suficientemente inteligente como para decirle a cada persona el mejor plan posible para su salud según su código genético. Para el resto de este capítulo, quiero compartir con ustedes algunos principios que me han funcionado en los últimos años. Espero que funcionen para ti también.

Tres de las preguntas más importantes que debemos hacernos a medida que estructuramos un plan de dieta o ejercicio que nos permita reducir el estrés en nuestras vidas son:

1. ¿Me ayuda esto a prevenir enfermedades o me hará esto más saludable?

2. ¿Es esto sostenible a largo plazo?

3. Si funciona, ¿estoy dispuesto a comprometerme con esto?

EJERCICIO FÍSICO

Durante los últimos dos años, me he entrenado para el programa de televisión American Ninja Warrior. Si nunca has visto el programa, es una competencia deportiva en la que decenas de miles de personas participan en una audición, y solamente unas 600 son seleccionadas para competir por un millón de dólares. La competencia consiste en obstáculos que desafían tu coordinación, fuerza y resistencia. Todas las mañanas, de lunes a viernes, voy al gimnasio a las 6:00 para hacer ejercicio y entrenar. No estoy siguiendo ninguna rutina que alguien haya creado. Hago mis propios entrenamientos cada semana y acerco mi cuerpo a los límites de lo que puede soportar. Tengo un compañero de entrenamiento que me ayuda con la responsabilidad, la motivación y la intensidad durante los entrenamientos.

Cuando comenzamos este proceso, establecimos una meta para completar diez series de los siguientes:

- 10 Levantadas (pull-ups)
- 100 Lagartijas
- 10 Abdominales (Estas se realizan con botines y colgados boca abajo de una barra

Tenía muy buena condición cuando comencé este tipo de entrenamiento, por lo que no tardé mucho en llegar a la meta. Luego me propuse duplicar el objetivo anterior. Después de unos meses, pude lograr tres veces nuestro objetivo original. Logré todas las tareas que quería completar.

Me estaba volviendo más fuerte cada semana y un aumento adicional podría ser una tensión excesiva para mi cuerpo. Un día, mientras conversaba con mi esposa, hablamos acerca de los beneficios a largo plazo de este tipo de entrenamiento, y me enfrenté a algunas decisiones difíciles. Me encantaban mis niveles de fuerza y resistencia. También corría los fines de semana para mantener mi salud cardiovascular en forma. Sin embargo, cuando observamos las tres preguntas sobre salud, sostenibilidad y compromiso, me di cuenta de que solamente una de las tres preguntas recibió una respuesta positiva. ¿Estaba mi entrenamiento ayudándome a prevenir enfermedades? Sí. No es ningún secreto que el ejercicio aumenta la fuerza del corazón, ayuda al flujo sanguíneo y reduce el colesterol. También sabía que podía hacer mucha menos intensidad y aún así ayudar a mi cuerpo a prevenir enfermedades.

Las siguientes dos preguntas no obtuvieron una respuesta positiva. ¿Es esto sostenible? No. Este tipo de entrenamiento se volvió un poco extremo y, a largo plazo, mi cuerpo no continuaría aumentando la producción. Cuando sientes que estás en la mejor parte de tu vida, eres capaz de rendir al máximo. Independientemente de la etapa de la vida en la que te encuentres, el mantenimiento es importante y debe considerarse al decidir una rutina de ejercicios.

"Todo lo que comemos combate enfermedades o alimenta las enfermedades."

Al igual que todas las áreas de crecimiento en nuestra vida, necesitamos un plan y un compromiso. Dado que me siento bien con mi fuerza física y mi salud en este momento, estoy dispuesto a comprometerme con los mismos ejercicios, pero no con la misma cantidad de repeticiones e intensidad. Necesito reducir un poco y establecer algunas metas saludables y alcanzables que yo pueda mantener a largo plazo. ¿Podré alcanzar estos objetivos en diez años, veinte años, treinta años, etc.? Por supuesto, los objetivos pueden cambiar en función de muchos factores y variables que aparecen a medida que envejecemos. Necesitamos aprender a mantenernos una vez que alcancemos nuestros objetivos.

¿Cuáles son tus metas para estar en forma? ¿Tienes alguna? Yo no soy médico, ni estoy calificado para contestar preguntas relacionadas con la salud. Si tienes preguntas acerca de cómo comenzar una rutina de ejercicios y no estás seguro de cómo y dónde comenzar, consulta a tu médico. También puedes consultar a un entrenador o instructor personal para comenzar.

Esta es solo la mitad de la ecuación y es la mitad más fácil. Nuestros cuerpos necesitan ejercicio. Necesitan quemar el combustible que ingerimos. Todos estamos formados de manera diferente y nuestros cuerpos reaccionan un poco diferente a la tensión ejercida sobre ellos. Cuando comencé a hacer yoga, recuerdo que el instructor dijo: "Haz lo que se siente bien en tu cuerpo. Si lo que estás haciendo no se siente bien, retrocede y no te esfuerces tanto". Esto suena bastante simple, ¿correcto? Si nos esforzamos hasta el límite y sentimos dolor, debemos reducir la velocidad y disminuir si queremos evitar lesiones. ¿Alguna vez te ha hablado tu cuerpo? ¡Sé que el mío sí, y por lo general no se siente bien cuando me grita!

NUTRICIÓN

La segunda mitad de la ecuación de salud física es la nutrición. No todos los cuerpos del mundo anhelan el ejercicio físico, pero todos necesitamos alimentos para sobrevivir. Recuerda, la meta es estar sano o libre de enfermedades. Hace poco vi una foto con un grupo de verduras por un lado y alimentos fritos por el otro. El subtítulo decía: "Todo lo que comemos combate enfermedades o alimenta enfermedades". No hay punto medio. En esta sección, voy a compartir con ustedes mi historia personal de cómo he cambiado mi dieta y los beneficios que han venido con estos cambios. Espero que te ayude a entender que el crecimiento es el resultado del cambio.

Hasta que nos demos cuenta de que tenemos el poder de cambiar, no lo haremos. Cuando comprendemos que tenemos el poder de elegir lo que comemos y cómo afecta nuestro cuerpo, tomar decisiones más saludables tendrá más sentido. No siempre es fácil, pero si queremos reducir y eliminar la ansiedad que proviene de la salud, haremos la mejor elección.

Descargo de responsabilidad: si ya te han diagnosticado una enfermedad o condición que se ve afectada por lo que comes, por favor consulta a un nutricionista o médico antes de seguir cualquier dieta que pueda ser perjudicial para tu cuerpo. Ten en cuenta que lo que funciona para una persona puede no funcionar para otra

Cuando era niño, me gané el apodo de "Macizo". Me encantaba comer casi todo. Como a muchos niños, no me importaban mucho los alimentos verdes o los frijoles. Podría decir que los odiaba. Siempre estaba agradecido cuando mi madre no me obligaba a comer guisantes, y como tampoco le gustaban los frijoles, rara vez los cocinaba. Cuando estaba en la secundaria, comía lo suficiente como para alguien dos veces mi tamaño. Recuerdo que algunos días después de clases, corría a casa para cenar. Luego iría a la casa de un amigo y cenaría con su familia antes de jugar al baloncesto afuera. Terminaba la noche en la casa de otro amigo y, a menudo, cenaba con ellos también. ¿Tres cenas? ¡Sí, y disfrutaba cada una!

Todos en mi familia comíamos de manera diferente. Durante algunos años, mi papá fue fanático de los alimentos crudos. A mi mamá no le gustaban mucho los frijoles, lo cual era genial, porque a mí tampoco. A mi hermano le gustaba comer mucha carne, y a mí también. Mi hermana fue vegetariana por un tiempo. Durante su tiempo como vegetariana, me apostó $100 que yo no podía comer como vegetariano durante un año. Fue a fines de noviembre cuando hicimos la apuesta. Unas semanas después, yo estaba jugando en un torneo de baloncesto y necesitaba algo de comida entre juegos. Mi madre me acompañó al puesto de comida, probablemente porque ella iba a pagar. Le dije a la que atiende que me gustaría un perro caliente de chili con queso, pero luego recordé la apuesta y le pedí que no le pusiera chili porque el chili tiene carne. ¡Ni siquiera me pasó por la cabeza que el perro caliente ya era carne! Afortunadamente, mi madre me lo recordó y decidí comprar algo más saludable. Pedí nachos.

También me encanta la comida china. Era la forma más barata de obtener la mayor cantidad de comida y el sabor era difícil de superar. Conocía personas que pedirían un plato de arroz frito con carne y verduras y lo llevarían a casa y lo comerían en tres comidas diferentes. Para mí, sería solo una comida y aún estaría buscando un postre de camino del restaurante a la casa. ¡No era suficiente comida! Cuando estaba en la universidad, fui de vacaciones navideñas a mi casa, comí tanta comida china y a la vez hice tanto ejercicio que cuando regresé a clases, el entrenador de béisbol me preguntó si había estado tomando esteroides durante las vacaciones. ¡Esa comida china estaba sabrosa!

La última historia gastronómica que compartiré tuvo lugar en un viaje a Colorado cuando estaba en la universidad. Mi padre, mi tía, y los dos hijos de mi tía, hicieron un viaje a Denver para celebrar el 50 aniversario de bodas de mis abuelos. Una noche, nos detuvimos Subway para cenar. Tenían una oferta en ese momento, 3 emparedados de 30 centímetros por solo $10. ¡Esa es una gran oferta! En lugar de que tres adultos escogieran uno para cada uno, yo pedí los tres para mí, mientras que las otras cuatro personas dividieron tres emparedados. Sí, me comí tres sándwiches de 30 centímetros. Mi tía no creía que pudiera hacerlo, pero le hice ver que estaba equivocada. Podría compartir muchas más historias de comida, pero creo que entendemos el punto. ¡Me encanta comer mucho!

¿Por qué comparto estas historias de comida? Mis hábitos alimenticios han cambiado drásticamente en 20 años. Solía pensar que se necesitaba carne en cada comida. Es la única forma de obtener proteínas en mi dieta, ¿verdad? A veces predicaba en una iglesia que estaba a una hora de camino de donde vivimos. Me detenía en el camino a casa y comía veinte pedacitos de pollo con cinco recipientes de salsa barbacoa antes de entrar por la puerta para asegurarme de comer algo de carne debido a la posibilidad de que mi maravillosa esposa no hubiera cocinado. ¿Cómo sobrevive la gente si no come carne? Mejor aún, ¿cómo sobrevive la gente comiendo solo frutas, verduras y algunas guarniciones? En los últimos años, he aprendido mucho sobre la importancia de tener una dieta completa y basada en plantas. Ahora soy vegetariano.

Como vimos en la sección sobre ejercicio, una dieta adecuada funciona bien solo si es consistente y sostenible. No estoy tratando de convencerte de lo que necesitas comer, pero compartiré lo que me ha funcionado a mí. Espero que te motive en tu viaje de salud y estado físico para reducir el estrés relacionado con la salud en tu vida.

¿PUEDEN NUESTROS HÁBITOS ALIMENTICIOS AFECTAR NUESTROS NIVELES DE ESTRÉS?

La respuesta breve es sí. Un hombre sabio me dijo una vez: "Algunas personas viven para comer y otras comen para vivir". Hay mucha verdad en esa declaración. Todos los días nos levantamos con ganas de algo. Para algunos, el deseo es el ejercicio físico. Para otros, puede ser tiempo de oración o meditación. Sin embargo, para otros, puede ser comida. Para mis hijos, siempre ha sido comida. Lo primero que preguntan cada mañana cuando los veo es: "¿Cuándo podemos comer?"

Los factores importantes que se deben considerar en cualquier dieta son la moderación, el control de porciones y el dominio propio. Aquí hay algunas reglas que sigo que me ayudan a controlar mi dieta:

1. La regla del 80%. Come hasta que estés 80% lleno. Esto implica practicar los tres factores mencionados anteriormente. En nuestra casa, decidimos deshacernos de nuestros platos más grandes y ahora usamos platos de tamaño mediano. Si planeamos poner comida en cada pulgada de nuestro plato, deberíamos usar platos más pequeños para ayudarnos con la moderación y el control de las porciones. ¡El dominio propio se refleja en no repetir! Comer hasta que

estemos llenos no es bueno para ninguno de nuestros sistemas internos. Si podemos controlar las cantidades de alimentos que comemos y no llenarnos más del 80%, habrá menos presión (estrés) dentro de nuestro cuerpo y nuestro sistema digestivo funciona de manera más eficiente.

2. Ayuna durante la mitad de cada día. Me esfuerzo al máximo para comer mi último alimento cada noche antes de las 6:00 p.m. Desayuno todas las mañanas entre las 7:00 y las 8:00 a.m., así que tengo al menos doce horas entre comidas. La mayoría de las investigaciones muestran que este tipo de ayuno eleva el metabolismo y reduce el colesterol. También trato de ayunar durante 24-48 horas una vez después de algunos meses para desintoxicarme. Durante estos ayunos, bebo solo agua y, a veces, un poco de café el primer día. Por lo que he leído, el 50% de los médicos / investigadores informan que el café con moderación (muchos dicen que cuatro tazas al día) ha demostrado ser beneficioso para la digestión y el metabolismo. De acuerdo, puedes encontrar investigaciones para demostrar lo contrario, así que te motivo a que uses tu propio criterio en cuanto al café. Dos tazas al día es lo que es útil para mi digestión y bienestar.

3. Beber mucha agua. Un montón. Aunque practiqué deportes la mayor parte de mi vida, me tomó años aprender el valor de la hidratación. Pensé que pesaría más si consumiera más agua, así que no bebía tanto como debía. Cuanto mejor hidratados están tus músculos, mejor funcionan. Como mínimo, bebo ½ onza de agua por día por cada libra de peso corporal, pero trato de beber 1 onza por cada libra de peso corporal con la mayor frecuencia posible, especialmente cuando estoy haciendo ejercicio. Esto es útil para las articulaciones y los músculos.

Estas tres reglas pueden no funcionar para todos, pero funcionan bien para mí. Nuestros apetitos no son genéticos. Podemos elegir la calidad y cantidad de lo que comemos. Tenemos el poder de entrenar nuestros cuerpos para desear ciertos tipos de alimentos. Por ejemplo, cuando estaba creciendo, odiaba los guisantes y casi todos los tipos de frijoles. Ahora, los alimentos básicos más importantes en mi dieta son los burritos de frijoles y la ensalada de garbanzos. Me he entrenado no solo para tolerar la comida sana, sino para desearla y disfrutarla. Puede tomar un poco de tiempo, ¡pero puedes lograrlo!

Lamentablemente, tenemos este conocimiento como adultos, pero la mayoría no toma las precauciones adecuadas para entrenar a sus hijos a desear alimentos saludables. Vivimos en una sociedad tan acelerada que la salida barata y fácil es a menudo lo que comen nuestros hijos. La comida rápida, las cenas de microondas y muchas otras opciones están saturadas con más conservantes de los que podemos contar o pronunciar. No es de extrañar que el sistema inmunitario esté debilitado y el porcentaje de niños que toman medicamentos debido a las necesidades dietéticas continúa aumentando. Mis hijos tienen la suerte de tener una madre que se asegura de que sus cuerpos reciban la nutrición adecuada para ayudarlos a protegerse del desarrollo de enfermedades relacionadas con los alimentos. Una regla general en nuestra casa cuando miramos los ingredientes de nuestros comestibles es esta: si no podemos pronunciarlo, no lo compramos.

¿Por qué es importante estar saludable cuando se trata de estrés? La enfermedad ataca y destruye nuestro cuerpo de adentro hacia afuera y ejerce estrés o presión sobre los diversos sistemas del cuerpo y exige que trabajen más de lo normal para combatir las infecciones y enfermedades. Para evitar que esto suceda, debemos comprender los efectos de la desnutrición.

He descubierto que los factores más importantes en el desarrollo de un plan para disminuir el estrés relacionado con la salud son los mismos tanto para el ejercicio como para la dieta: consistencia y sostenibilidad. Cuando consideramos los detalles de cómo planeamos comer, debemos preguntarnos si nuestro plan es sostenible. Por ejemplo, si planeamos comer solo carne y eliminar casi todos los carbohidratos para perder peso, ¿podemos hacer esto a largo plazo? ¿Será esto beneficioso para nuestros cuerpos? ¿Son los efectos a largo plazo tan buenos como los resultados a corto plazo? Hay ventajas y desventajas en cada dieta que existe, por lo que debemos investigar.

Es importante investigar los efectos de cualquier plan dietético que implementemos y luego también decidir si nos comprometeremos a largo plazo. Cuando dejé de comer carne, me desafié a hacer algo que fuera sostenible. Pude comprometerme a corto plazo, lo que fue un buen comienzo. No pensaba ser vegetariano a largo plazo, pero cuanto más tiempo vivo sin comer carne, mejor me siento. Perdí algunas libras, pero esa no fue la razón para cambiar mis hábitos alimenticios. No voy a predicar un sermón acerca del vegetarianismo, pero me sorprende lo poco que la gente entiende los beneficios de una dieta basada en plantas. Muchas personas me han preguntado dónde obtengo proteínas si no las obtengo de la carne. Tengo que reírme un poco cuando pregunto, "¿de dónde obtienen los animales las proteínas?" Los animales obtienen su proteína de la hierba, los granos y la vegetación que comen. El vegetariano evita los intermediarios y va directamente a la fuente.

Algunos detalles acerca de mi dieta son:

- Burritos de frijoles: Repollo morado, verduras, cebollas, frijoles negros, salsa, tortilla de trigo integral.
- Avena: Como un tazón de avena al menos dos veces al día. Todas las mañanas para el desayuno y un tazón pequeño como refrigerio nocturno después de la cena. Pongo ½ taza de avena en un tazón junto con 1 cucharada de mantequilla de maní (orgánica, sin aceites), 1 cucharada de miel y una pizca de canela. Añado leche de anacardo o marañón antes de calentar todo en el microondas durante un minuto.

Podría comer estos dos artículos para cualquier comida. Ambos están llenos de nutrientes (incluidas las proteínas) y la avena siempre se siente como el postre. A algunos les puede sonar aburrido, pero a mí me encanta. Todos necesitamos encontrar opciones de alimentos saludables que disfrutemos si planeamos hacer un estilo de vida de alimentación saludable.

Una dieta prolongada o extrema pone tu cuerpo bajo estrés, lo que aumenta la producción de cortisol. Como resultado, tus glándulas suprarrenales continúan liberando la hormona cortisol, la cual causa estrés, las 24 horas del día, los 7 días de la semana, lo que provoca pérdida muscular y aumento de peso. Por esta razón, debemos elegir un estilo de vida alimenticio que sea saludable y sostenible en lugar de hacer una dieta cada pocos meses y poner un estrés excesivo en nuestro cuerpo que causa ansiedad.

Como mencioné anteriormente, ayuno durante al menos doce horas todos los días.

"Una de las recomendaciones más recientes de pérdida de peso es el ayuno intermitente, y en realidad se rebela contra la investigación actual que te dice que comas cuando tienes hambre y que comas seis comidas al día. Saltarse el almuerzo o pasar todo el día sin calorías no solo puede ser una recomendación para perder peso, sino también el truco para una vida más larga. Reducir el consumo de calorías del 30 al 40 por ciento puede extender la vida útil de una persona en un tercio o más, como lo han demostrado muchos estudios en animales, al hacer que el cerebro sea resistente a las toxinas que causan daño celular" (https://www. medicaldaily.com/how-3-meals-day-became-rule-and-why-we-should-be-eating-whenever-we-get-hungry-324892).

¿EXCUSA O LICENCIA?

Antes de ver cómo T.R.I.A.L.S. puede ayudarnos a reducir la ansiedad relacionada con la salud, quiero mencionar nuevamente cuán importante es la genética cuando consideramos nuestras metas relacionadas con la salud. Independientemente de tener "buenos genes" o "malos genes", no podemos usar nuestra genética como una licencia para comer lo que queramos o una excusa para no intentar un estilo de vida más saludable. Desafortunadamente, algunos de nosotros nacemos con enfermedades que no podemos controlar que limitan la forma en que podemos hacer ejercicio y limitan ciertos alimentos que podemos comer. Te motivo a tener una actitud positiva y comprender que hay muchas formas agradables de comer y hacer ejercicio. Come para vivir, no vivas para comer y concéntrate en la bendición de la vida. Para aquellos que no tienen restricciones dietéticas y de ejercicio, les motivo a que coman para vivir también. Me llevó mucho tiempo aprender esta lección. Siempre me sentí bien y podía comer lo que quisiera. Ahora, escojo alimentos que me ayudan a prevenir enfermedades en mi cuerpo y no me siento bien, ¡me siento genial! Más importante aún, no tengo ansiedad debido a mi dieta y ejercicio.

Me encanta lo que Pablo dice en 1 Corintios 9:23–27.

> Y esto hago por causa del evangelio, para hacerme copartícipe de él. ¿No sabéis que los que corren en el estadio, todos a la verdad corren, pero uno solo se lleva el premio? Corred de tal manera que lo obtengáis. Todo aquel que lucha, de todo se abstiene; ellos, a la verdad, para recibir una corona corruptible, pero nosotros, una incorruptible. Así que, yo de esta manera corro, no como a la ventura; de esta manera peleo, no como quien golpea el aire, sino que golpeo mi cuerpo, y lo pongo en servidumbre, no sea que habiendo sido heraldo para otros, yo mismo venga a ser eliminado.

Observa el versículo 25, "Todo aquel que lucha, de todo se abstiene". Esta es la clave de la dieta y el ejercicio. Dominio propio. Puede que no siempre sea fácil, pero siempre vale la pena. ¿Estamos dispuestos a disciplinar nuestro cuerpo, haciéndolo nuestro esclavo? ¿Por qué deberíamos? ¿Por qué es tan importante la salud física? Dios tiene un plan para nosotros y nuestras vidas. Si usamos el dominio propio para cuidar el cuerpo físico que Dios nos ha dado, potencialmente podemos vivir vidas más largas y agradables, cosechando los beneficios de las bendiciones espirituales y la voluntad de Dios para nuestras vidas aquí en esta tierra. No se trata solo de la cantidad de años vividos sino de la calidad de los años vividos.

Independientemente de la rutina de ejercicios y la dieta que decidas adoptar, si pasas por el método T.R.I.A.L.S. aprenderás a eliminar el estrés y vivir un estilo de vida saludable. Cuando se trata de la condición física y la dieta, la aplicación de T.R.I.A.L.S. proporciona los mismos beneficios.

Transparencia: Cuando comienzas tu viaje hacia una vida y una alimentación más saludables, no puede haber secretos. Esto no significa que esté prohibido derrochar ocasionalmente. Tampoco significa que debas derrochar. Sin embargo, hay una gran diferencia en hacer trampa en una comida y hacer trampa todo un día y hacer trampa todo un fin de semana y hacer... entiendes el punto. Mi sugerencia es conseguir un socio responsable. Casi que todas las veces que ayuno durante uno o dos días, tengo un amigo que ayuna conmigo para que podamos revisarnos y desafiarnos mutuamente. Las desgracias no vienen solas, y cuando nos desafiamos a nosotros mismos a hacer algo difícil, un socio responsable es muy útil.

Responsabilidad: No podemos cambiar nuestro pasado, por lo que debemos aceptar nuestras circunstancias actuales si queremos avanzar en nuestro viaje para reducir el estrés viviendo un estilo de vida más saludable. Si comenzamos desde donde estamos, utilicemos lo que tenemos y hagamos lo que podemos, podemos armar un plan sostenible y alcanzable. Debemos ser diligentes al poner en práctica nuestro plan. La responsabilidad es significativa en muchos sentidos. Por ejemplo, si planeamos hacer ejercicio todas las mañanas a las 5:00 a.m., debemos configurar nuestra alarma a la hora adecuada para que esto suceda. Si planeamos dejar de comer comida chatarra, debemos deshacernos de la comida chatarra en nuestra casa y evitar ir a lugares donde tengamos la tentación de comer algo que no es saludable. En nuestra casa, no compramos papas fritas y comida chatarra. Esto hace que sea más fácil evitar los alimentos poco saludables. A veces, ser responsable requiere sacrificio. ¡Acepta el desafío y acepta los resultados!

Intencionalidad: Nadie se volvió más saludable por accidente. Las personas no se vuelven saludables al comer alimentos poco saludables y no hacer ejercicio. Hacer ejercicio y comer sano son decisiones intencionales. Cuando nos sentimos tentados a ser perezosos y comer comida chatarra, necesitamos un plan que nos recuerde nuestras metas. Una manera efectiva de hacer esto es colocar notas en lugares estratégicos, como en la cocina, junto a tus zapatos y lugares a los que vas con frecuencia.

La conciencia del momento presente es esencial para superar las tentaciones alimenticias. A la hora de las comidas, sugiero tomar cinco respiraciones profundas antes de comenzar a comer. Aprende a masticar más y deja el utensilio entre bocados. Escribir metas y planes es un gran comienzo para una vida intencional y saludable.

Aprecio: Buena autoestima es gran parte de la vida saludable. Cuando estamos dispuestos a cuidar nuestra propia mente y cuerpo, debemos mostrarnos agradecidos. Ve a caminar, pasear, recibir un masaje, descarga música nueva o pasa tiempo haciendo tu pasatiempo favorito. ¡Escribe un libro! Eso fue lo que yo hice. Aprender a apreciarnos y recompensarnos puede ser de gran motivación en nuestro viaje para reducir el estrés y sentirnos mejor.

Límites: Con la dieta y el ejercicio, debemos conocer nuestros límites, o podemos encontrarnos en situaciones incómodas y difíciles. Recuerda la regla del 80% al comer. Cuando tomamos nuestra primera respiración profunda hacia el final de una comida, es una señal de que deberíamos habernos detenido antes. Forzar nuestros límites mientras se come no es útil para aliviar el estrés; hace lo contrario. Con el ejercicio, superar nuestros límites a menudo conduce a lesiones. Debemos escuchar nuestros cuerpos y retroceder cuando nuestros límites están a la vista, no después de pasarlos.

Simplificar: Hay muchas formas de simplificar lo que comemos y cómo hacemos ejercicio. Si debes comer postre todos los días, una forma de simplificar es elegir un día para no comer postre o crear un postre que sea saludable. Siento que yo como postre todos los días porque la avena es mi comida favorita. En caso de que necesites el recordatorio ... 1/2 taza de avena, cucharada de mantequilla de maní, poquita canela, cucharada de miel y leche a elegir (yo uso leche de anacardo o marañón). ¡Un minuto en el microondas, mezcla bien y disfrútalo!

Una manera fácil de simplificar tu rutina de ejercicios es encontrar tres o cuatro ejercicios que ayuden a cada parte del cuerpo en lugar de elegir diez ejercicios para cada rutina de ejercicios. Parte de la simplificación puede significar comprometerse a cinco o diez minutos al día en lugar de una hora. Una hora puede ser inalcanzable muchas veces, pero podemos reducir eso a cinco o diez minutos. El ejercicio diario simple será mucho más efectivo que la hora a la que no podemos comprometernos la mayoría de los días. A menos que planees entrenar para una competencia física o un evento de fisicoculturismo, tener cinco ejercicios para cada grupo muscular puede ser excesivo. Debemos escuchar a nuestro cuerpo cuando comemos y cuando hacemos ejercicio.

Motivación: Independientemente de tu salud física, siéntate y establece algunas metas. Estos deben incluir objetivos dietéticos y objetivos de ejercicio. Comparte tu meta con alguien que pueda estarte revisando y que se asegure de que tú te mantengas activo. Comienza en el lugar donde estás, utiliza lo que tienes y haz lo que puedas. Si no puedes pensar en una sola meta, comienza con un compromiso de entrenamiento de cinco minutos todos los días, sin negociar. Incluso si eso significa caminar por el pasillo durante cinco minutos, haz algo. ¡Puedes hacerlo!

Consejo: No compares tu salud con la de los demás. Todos tienen una genética diferente y sus rutinas pueden ser de por vida o algo que acaban de comenzar. Tú haz lo tuyo.

Oración: Gracias Señor por mi salud. Ayúdame a creer que tengo el poder de desarrollar el dominio propio para poder preservar el cuerpo que me has dado y trabajar a tu servicio durante muchos años. Que yo pueda siempre buscarte para que me fortalezcas y motives mientras trato de servir a los demás. Amén.

PREGUNTAS A CONSIDERAR:

Transparencia:

¿Cómo no he sido transparente con mis hábitos alimenticios últimamente?

¿Qué estoy haciendo actualmente para ser transparente conmigo mismo acerca de la manera como me alimento?

¿Qué estoy haciendo actualmente para ser transparente conmigo mismo acerca de la manera como hago ejercicio?

Responsabilidad:

¿Cuál es la elección más responsable que puedo hacer ahora mismo acerca de mis hábitos alimenticios?

¿Cuál es la elección más responsable que puedo hacer ahora mismo acerca de mis hábitos de ejercicio?

¿Cuál es mi plan para evitar la irresponsabilidad con mi alimentación y ejercicio?

Intencionalidad:

¿Cómo me estoy preparando para aumentar mi fuerza de voluntad?

¿Cuál es mi proceso de planificación para asegurarme de tomar las mejores decisiones para mi salud?

Aprecio:

¿Cómo planeo mostrarme gratitud cuando alcance mis objetivos de salud?

¿Cómo planeo mostrar a los demás mi gratitud por ayudarme a alcanzar mis objetivos de salud?

Límites:

¿Cuáles son mis límites dietéticos?

¿Cuáles son mis límites de ejercicio?

¿Cuál es mi plan para evitar incumplir con mis límites?

Simplificar:

> ¿Cuál es la mayor influencia de la que necesito deshacerme para mejorar mi salud?

> ¿Cuál es mi plan para deshacerme de esta influencia?

Mientras nos esforzamos por ser honestos con nosotros mismos al contestar las preguntas mencionadas anteriormente, espero que podamos esforzarnos tener autocontrol en todas las cosas. Espero que podamos hacer todo lo posible para ayudarnos a nosotros mismos y a los demás a ser más saludables. ¡Nuestros niveles de ansiedad dependen de ello!

CAPÍTULO 8

FE Y ANSIEDAD

A estas alturas, probablemente hayas eliminado aquella ansiedad en tu vida que proviene de tu trabajo, de tus finanzas, de la crianza de los hijos y de tu matrimonio. Solo puedo imaginar que ya has decidido hacer ejercicio varias veces a la semana y que ahora eres vegetariano. Lo único que queda por hacer ahora es descubrir si existe ansiedad en tu vida debido a tu fe o convicciones religiosas y cómo puedes también eliminar este estrés.

¿Es fácil ser físicamente saludable? Para algunos, lo es. En nuestro hogar, no es un desafío porque hemos creado un estilo de vida de ejercicio y alimentación saludable. Sin embargo, para muchas personas en el mundo, puede ser un gran desafío.

¿Qué sucede con nuestra salud espiritual? ¿Es fácil ser espiritualmente saludable? Para aquellos que hemos crecido en un hogar cristiano, la respuesta a la pregunta puede ser positiva. Sin embargo, he conversado con muchas personas que crecieron en una familia cristiana amorosa que tienen ansiedad debido a su fe. Para los no creyentes, es posible que la salud espiritual ni siquiera sea una posibilidad.

¿Qué es la fe? ¿De dónde viene? ¿De dónde vino tu fe? Cuando yo era niño, mi papá era predicador. Tuve un gran ejemplo de lo que se trata ser fiel. Aprendí mucho sobre la Biblia y las metas espirituales que debería establecerme diariamente. Sin embargo, una buena parte de "mi fe" fue el resultado de la fe de mis padres. Me bauticé cuando tenía 17 años e hice todo lo posible para poner a Dios primero en mi vida.

No fue hasta que estuve unos años en la universidad que comencé a desarrollar mi propia fe. En la secundaria, puse mi confianza al 100% en lo que mis padres me enseñaron y sigo creyendo que hicieron todo lo posible para alentarme a estudiar y hacer que mi fe fuera mía. Sin embargo, no fue hasta que estuve solo que realmente desarrollé las convicciones que necesitaba para crecer en mi fe personal. Muchos temas que no estudié en la secundaria y que sí estudié en la universidad comenzaron a ayudarme a desarrollar mejores hábitos de estudio y convicciones más profundas.

Quizás tu fe es el resultado de tus padres o un cónyuge, compañero de trabajo, amigo, hijos u otra relación importante en tu vida. Independientemente de los factores que han moldeado lo que crees, es tu creencia. Este año que pasó, es posiblemente el año con la mayor cantidad de ateos con los que he estudiado. Se han reído de mí por "creer en algo que no puedo ver". Cuando respondo a su risa preguntándoles si creen en el aire o la gravedad, esto nos permite conversar acerca de la creencia en los efectos o la evidencia de cosas que no vemos. Lo que creemos es importante. Sin embargo, el aspecto más importante de tu vida espiritual es tu fidelidad. El día del juicio, rendirás cuentas por ti y solo por ti. No puedo responsabilizarme por lo que alguien más dice o hace. Seré juzgado por mi vida. La fidelidad es importante.

Recientemente me senté con mi papá mientras se preparaba para enseñar acerca del libro de Hebreos y señaló que la palabra traducida fe tiene mucho más que ver con cómo vives, no con lo que crees. La creencia es importante. La biblia es importante. Sin embargo, ser fieles al compromiso que hacemos cuando aceptamos que Jesús sea el Señor de nuestra vida es mucho más importante.

¿Nos preocupamos por nuestro bienestar espiritual? ¿Nos causa ansiedad? Varias preguntas o sentimientos que tenemos nos afectan cuando se trata de por qué la ansiedad se acumula en nuestra vida. Por ejemplo, no sé lo suficiente acerca de la Biblia. No estoy haciendo lo suficiente. No puedo ser perfecto. Otras personas hacen más que yo. Dios no puede perdonarme por lo que he hecho. La lista continúa. He estudiado con una pareja durante más de dos años sobre la fe y la salvación. Pueden recitar lo que la Biblia enseña sobre cómo nos convertimos en cristianos, pero aún no están listos para comprometerse. Me dicen que aún necesitan saber más.

Cuando estaba en México estudiando español, el grupo con el que estaba tuvo la oportunidad de ayudar a una iglesia local con diferentes proyectos durante la semana y cada noche algunos de nosotros íbamos a la casa de uno de los miembros para estudiar la Biblia. En una ocasión, dos de nuestro grupo se estaban alistando para ir al estudio de la Biblia, pero no querían ir. Recuerdo muy bien cuando le preguntaron a mi maestra si tenían que asistir. Ellos dijeron: "¿No hemos hecho ya lo suficiente?" Nunca olvidaré la forma como él contestó. Él dijo: "Mira al hombre en la cruz y pregúntale si has hecho lo suficiente". Ay. ¿Adivina quiénes decidieron asistir al estudio?

No importa cuánto hagamos o no hagamos. Dios espera que tengamos una mejor actitud. Pablo dice: "Haya, pues, en vosotros esta *mentalidad* que hubo también en Cristo Jesús". ¿Podemos hacer lo suficiente? No. Nuestra actitud debe ser "¿cómo puedo hacer más?" ¿Cómo puedo hacer más para complacer al Dios que me ha dado todas las cosas? ¿Cómo puedo crecer en mi fidelidad cuando tengo tantas dudas y temores?

Es importante entender que Satanás tiene un arsenal poderoso y es implacable cuando se trata de destruir nuestra fidelidad a Dios. El nunca se detiene. El quiere lastimarnos. Las tres herramientas más poderosas que usa contra nosotros son el miedo, la duda y el orgullo. Todos hacen algo diferente. El miedo nos paraliza. El miedo a lo desconocido nos hace no hacer nada en absoluto. No importa cuán grande o pequeña sea la tarea; cuando tenemos miedo de poner nuestra fe en juego debido al resultado desconocido, el miedo nos hace no hacer nada en absoluto. La duda nos hace titubear. El titubeo nos hace perder oportunidades o puede hacernos cometer errores porque no confiamos plenamente en Dios para cumplir su voluntad en nuestras vidas.

En el otro extremo de este espectro, cuando superamos la duda y el miedo y abordamos la batalla espiritual con todo lo que tenemos, surge la tentación del orgullo. Nos hace pensar que podemos hacerlo por nuestra propia cuenta. No creo que tenga que mencionar lo que viene antes de una gran caída. Cuando comenzamos a aplaudirnos debido a las cosas que hemos logrado, es mejor que tengamos cuidado. La pendiente se pone resbaladiza.

También necesitamos entender que Dios tiene herramientas. Filipenses 2 explica la actitud de Jesús y las herramientas que utilizó y puso a nuestra disposición. La humildad y la confianza son armas que nos ayudan a superar la duda, el miedo y el orgullo. La humildad nos permite comprender que necesitamos ayuda. Independientemente de la tarea que tenemos delante, debemos abordarla con humildad. En el libro de Lucas, Jesús cuenta una parábola sobre dos hombres que van al templo a rezar. Al igual que los fariseos, uno de estos hombres era arrogante, altivo y pensaba muy bien de sí mismo. El otro era humilde y contrito de corazón. ¿Cuál de estos dos hombres fue justificado? ¿Cuál fue recibido por Dios? ¡El hombre humilde! Necesitamos ser humildes cuando se trata de nuestra fe. Puede que hayamos logrado grandes cosas espirituales en nuestras vidas. Dios es el único que merece la honra y la gloria. Punto. De esto se trata la confianza; saber que Dios tiene el control y es Él quien trabaja en nuestras vidas para Su propósito y buena voluntad.

Cuando entendemos que Dios está trabajando, esto quita el estrés de nuestro plato y nos permite eliminar la ansiedad cuando se trata de trabajar para Dios en Su reino. Planta la semilla. Dios hará el resto. Planta la semilla.

A menudo, al final de los sermones, escuchamos la pregunta, "si murieras esta noche, ¿estás 100% seguro de que irías al cielo?" Entonces, escuchamos la invitación al sermón. Podríamos pensar que solamente hay dos veces por semana que podemos estar seguros de nuestra relación con Dios. Estoy en desacuerdo. Te motivo ahora a hacerte esta pregunta. Si la respuesta es "No, no estoy seguro", no sé cómo puedes irte a dormir. Lo digo con toda sinceridad de corazón. ¿Como puedes irte a dormir? Dios quiere que tengas confianza. ¡Él quiere que sepas sin lugar a dudas que tu eternidad está asegurada con Él!

He estudiado con personas que me han dicho que no irían al cielo si murieran. Cuando les pregunto: "¿Por qué no arreglar tu vida con Dios en este momento?" ellos contestan, "más adelante". Me dicen que saben lo que deben hacer, pero que quieren esperar. No puedo entenderlo. Si no estás seguro al 100% de que con tu fidelidad irías al cielo si murieras en este momento, debes hablar con alguien. No termines este capítulo sin saber la certeza de tu salvación. Si quieres hablar conmigo, mi dirección de correo electrónico es turnerc23@yahoo.com y puedes escribirme en cualquier momento. Estoy aquí para ti. Yo te contestaré.

Dios nos da instrucciones claras. En Hechos 2:38, Pedro contesta a aquellas personas que preguntaron qué debían hacer para eliminar el problema del pecado en sus vidas. Ellos preguntaron: "¿Qué debemos hacer para ser salvos?" Pedro dijo: "Arrepentíos, y bautícese cada uno de vosotros en el nombre de Jesucristo para perdón de pecados". Remisión, perdón, salvación. Esto es lo que necesitamos. Es más que arrepentirse y ser bautizado. Eso es solo el comienzo. Es saber que el arrepentimiento no es una decisión única, sino un proceso de crecimiento y cambio a lo largo de la vida a medida que buscamos mejorar nuestro caminar con Dios. Se trata de caminar en la luz como Jesús está en la luz. Se trata de apoyarse en el pueblo de Dios y construir relaciones con personas que nos desafiarán a ser mejores y nos motivarán en nuestra fe.

En Juan 12:42–43, leemos: "Con todo eso, aun de los gobernantes, muchos creyeron en él; pero a causa de los fariseos no lo confesaban, para no ser expulsados de la sinagoga. Porque amaban más la gloria de los hombres que la gloria de Dios".

¿Nos hace eso detenernos? ¿Nos atraen los elogios humanos? ¿Dudamos en hacer algo bueno porque tenemos miedo de lo que alguien más pueda pensar de nosotros? Me encanta este texto en Juan 12. La última parte es mi favorita. Cuando dice:

"porque amaban más la gloria de los hombres que la gloria de Dios". ¿Sabes lo que eso implica? ¡Somos dignos de alabanza por parte de nuestro creador cuando lo reconocemos ante otras personas! ¿Te imaginas a Dios agradeciéndonos? ¿Recuerdas a Job? Dios le pregunta a Satanás: "¿Has considerado a mi siervo Job?" ¿Podemos poner nuestro nombre en el espacio en blanco? ¿Has considerado a mi siervo _____? Dios nos alaba cuando hacemos lo correcto, incluso si no podemos verlo. Eso es lo que nos da.

En Lucas 12:8, el autor dice: "Os digo que todo aquel que me confesare delante de los hombres, también el Hijo del Hombre le confesará delante de los ángeles de Dios"

¿Cómo logramos esto? ¿Cómo reconocemos públicamente a Dios? No creo que debamos pararnos en las esquinas de las calles o en el estacionamiento de la tienda con un sistema de altavoces y gritar: "¡Arrepiéntanse porque el reino de los cielos está cerca!" No he visto mucho éxito o éxito alguno de las personas que adoptan este enfoque. ¿Alguna vez te acercaste a quienes hacen esto porque querías estudiar con ellos? Yo tampoco.

Una de mis sugerencias es invitar a Dios a las conversaciones. Cuando alguien nos pregunta cómo estamos, ¿por qué no responder con "Estoy bien, gracias a Dios; Él me ha proporcionado todo lo que necesito". Si no nos está yendo tan bien, ¿por qué no responder con "No me está yendo bien porque _____, pero Dios sigue siendo bueno. Él me ama y dio a su Hijo por mí". Es bueno reconocer que nuestras bendiciones provienen de Dios. ¿Por qué no llenar nuestras conversaciones con estas cosas buenas en comparación con el clima, los deportes y las pequeñas conversaciones que no ayudan a las personas a conocer a nuestro Dios? No digo que conversar acerca de la vida y la cultura con otros sea malo. Estoy diciendo que siempre debemos buscar momentos de enseñanza e introducir a Dios en nuestras conversaciones.

1 Pedro 2:1–2 dice: "Desechando, pues, toda malicia, todo engaño, hipocresía, envidias, y todas las detracciones, desead como niños recién nacidos, la leche

espiritual no adulterada, para que por ella crezcáis para salvación".

¿Queremos crecer en nuestra fe? Parte del crecimiento espiritual es la nutrición espiritual. Debemos anhelar la leche pura de la palabra. Vivimos en una época en la que podemos obtener libremente una Biblia en casi cualquier idioma y traducción que queramos. Hay más recursos gratuitos en línea para descargar herramientas que nos ayudan a comprender las Escrituras como nunca antes. ¿Te imaginas cómo esto habría impactado a la iglesia hace 1,000 años? ¿100 años atrás? ¡Qué vergüenza si no aprovechamos la tecnología que tenemos disponible!

En el capítulo de crianza de los hijos, compartí con ustedes la respuesta de mis hijos cuando les pregunté qué podía hacer mejor como padre. Tiempo. Querían mi tiempo. Si utilizamos la misma mentalidad, "mi fe sería más fuerte si _____", ¿cómo responderíamos? Publiqué esta pregunta en Facebook y obtuve varias respuestas. Una de ellas fue: "Le di el control COMPLETO en lugar de tratar de hacer ciertas cosas yo mismo o a mi manera". Otro respondió: "Pasé más tiempo con cristianos en lugar de personas / influencias mundanas". Creo que las últimas dos respuestas realmente dieron en el blanco y creo que muchas otras también. Estas fueron: "Si pasara menos tiempo preocupándome por otras personas y lo que piensan de mí" y "Si pasara más tiempo a solas con Dios".

¿Esto somos nosotros? ¿Nos hemos quedado sin tiempo? ¿No nos queda suficiente tiempo al final del día para invertir con Dios y su pueblo? ¿Cómo llenamos nuestro día? La mayoría de las cosas que nos ayudan a crecer espiritualmente son desafiantes. Son desafiantes porque nos obligan a cambiar. Si pasamos más tiempo con otros cristianos, es posible que tengamos que cambiar nuestro horario. Es posible que tengamos que cambiar la forma en que miramos a alguien. Es posible que tengamos que hacernos a un lado y poner a los demás primero.

En todos los aspectos de la vida, si vamos a crecer, debemos cambiar. ¿Cuántos de nosotros queremos que nos digan que estamos haciendo algo mal? Cuántos de nosotros queremos escuchar, "Lo que estás haciendo no está mal, pero hay una manera de hacerlo mejor". Ninguno de nosotros. Una de las cosas más difíciles para cualquiera de nosotros es admitir que no estamos haciendo algo bien o de la mejor manera. ¿Por qué? ¡Orgullo! ¿Qué sucede si aprendemos a utilizar las herramientas de Dios de humildad y confianza para crecer?

¿Qué estamos buscando en nuestra fe y fidelidad? ¿Hay algo específico que esperamos dejar de hacer que creemos que Dios espera de nosotros? ¿Tenemos una lista de verificación? ¿Estamos buscando hacer lo suficiente? ¿Qué te parece lo suficiente? En el capítulo de las finanzas, compartí una definición de suficiente en una clase bíblica a la que asistí acerca de las finanzas. El maestro dijo que la definición de suficiente era "solo un poco más". ¿Qué sucede si aplicamos esta definición a nuestra fidelidad?

¿Qué tal si nuestra actitud fuera: "estaré contento con mi fidelidad cuando haga un poquito más por el reino"? Si hacemos esto, nunca dejaremos de hacerlo por Dios. Eso es lo que Dios espera de nosotros. No seamos simplemente oidores, sino hacedores. Fuimos creados para la acción desinteresada.

Si alguien te preguntara: "¿Qué es más difícil: ser cristiano o ser evangelista en tu comunidad?" ¿Cómo responderías? ¿Podemos ser cristianos y no ser evangelistas? Yo no puedo ser cristiano a menos que les hable a otras personas acerca de Jesús, ¿cierto? El mandamiento está en la Biblia. Esta es nuestra referencia para la mayoría de lo que hacemos y no hacemos. ¿Por qué asistes a las reuniones de la iglesia? Porque la Biblia lo dice. ¿Por qué no te involucras en la borrachera, la mentira, el adulterio, etc.? Porque la Biblia dice que no lo hagas. Hay mucho más que el cristianismo incluye que meramente evitar el mal. Se nos ordena ser proactivos en nuestro cristianismo.

¿Por qué es tan difícil para nosotros evangelizar? ¿Realmente creemos lo que nuestra fe dice que creemos? ¿Establecemos metas espirituales? Cada año, mi esposa y yo nos sentamos y establecemos objetivos para cada área de nuestra vida, incluida nuestra vida espiritual. Cuando nos desafiamos espiritualmente, nos preguntamos acerca de nuestro crecimiento en la fe. ¿Cuáles son algunas cosas en las que nos podemos comprometer a actuar en nuestras vidas para crecer fielmente en Cristo? ¿Cómo podemos ser más evangelistas? ¿Qué sucede si todos nos comprometimos a hacer lo que sea necesario para llegar a una persona con las buenas nuevas de Jesús? No estoy hablando solamente de invitar a alguien a asistir a la iglesia. ¿Qué pasaría si los invitáramos a nuestro hogar y les demostráramos que Jesús es tan parte de nuestra vida familiar y hogareña como lo es cuando estamos juntos con su pueblo el domingo? ¿Qué sucedería si no tuviéramos que invitar a personas a asistir a la clase bíblica o un momento de edificación con la iglesia porque primero nos preguntaron, "¿A cuál iglesia asistes?" o "¿A cuál iglesia perteneces?" La iglesia podría crecer a un ritmo astronómico si nos comprometiéramos con los objetivos espirituales y la evangelización como lo hacemos en otras áreas de nuestra vida.

Dios nos ha dado a todos diferentes talentos y habilidades. No tenemos que conocer todos los libros, capítulos y versículos para llegar al cielo o ayudar a otros a llegar al cielo. Tu talento podría no ser recordar las escrituras. Eso no significa que no debas estudiar, pero significa que no debes ponerte la presión y el estrés para que memorices toda la Biblia. Si el futuro de la iglesia dependiera de mi habilidad para dirigir alabanzas, todos estaríamos en problemas. Ese no es mi talento, ni mucho menos. Eso no significa que no deba cantar, sino que tal vez no debería ser el líder de las alabanzas. Debería buscar los talentos que Dios me ha dado y usarlos para su reino.

Compararnos con los demás nunca será útil en nuestro crecimiento espiritual

A los líderes de la iglesia, les doy la tarea de conocer a su congregación lo suficientemente bien para dar oportunidades a aquellos con diferentes talentos y que los utilicen para ayudar a la iglesia en sus respectivas áreas.

A los trabajadores de la iglesia, les doy la tarea de compartir sus talentos con los demás. Si eres un gran líder de cantos, pero no se lo dices a nadie, será difícil aprovechar ese don. Si eres un gurú de la tecnología, pero no se lo dices a nadie, será difícil que te involucres si nadie sabe que eres bueno con la tecnología. Comunícate bien y sé un hacedor.

La autorreflexión es importante. En 2 Corintios 10:12, Pablo dice: "*Porque no nos atrevemos a contarnos ni a compararnos con algunos que se alaban a sí mismos; pero ellos, midiéndose a sí mismos por sí mismos, y comparándose consigo mismos, no son juiciosos.*" ¿Qué tiene que ver esto con mi fe? Hay cosas que podemos hacer para ayudarnos a nosotros mismos en nuestra fidelidad, pero hay algunas cosas que podemos hacer que no nos ayudarán. De hecho, algunas cosas que podemos hacer nos harán daño en nuestro crecimiento espiritual.

Hemos ya conversado varias veces acerca de la vida comparativa. Hemos visto cómo deseamos ser normales. Quiero ser un esposo normal. Quiero ser un empleado normal. Quiero tener ropa normal y conducir un automóvil normal que todos piensen que está bien. Quiero que mis hijos sean normales. Quiero ser un cristiano normal. Solo quiero ir a la iglesia a orar, ofrendar, cantar, escuchar un sermón, tomar la cena del Señor y luego irme a casa. Solo déjame ser normal. Nos he motivado a todos, varias veces, a eliminar de nuestro vocabulario la palabra "normal". La vida no se trata de ser normal; se trata de ser como Jesús. Él no era normal. Era muy diferente a todos los demás. Cuando comenzamos a compararnos con otras personas en cualquier área de la vida, hacemos una de dos cosas:

> "Como líderes, nunca es nuestra responsabilidad llenar la copa de nadie más. Nuestra responsabilidad es vaciar la nuestra."
> – Andy Stanley

1. Pensaremos: No estoy haciendo lo suficiente. Esta persona de aquí está haciendo A, B, C, D y E, y yo solo estoy haciendo A. Esto hará que tengamos dudas. Esto hará que nos desenfoquemos en lo que hacemos ya que estamos muy preocupados por lo que otros están haciendo.

2. Pensaremos: esta persona de aquí casi no hace nada. Mírame, estoy haciendo A y B, y ellos solamente están haciendo A.

Compararnos con los demás nunca será útil en nuestro crecimiento espiritual y seguramente nos causará estrés y ansiedad al intentar alcanzar a otros o presumir ante otros en función de la cantidad que estamos haciendo o de lo que otra persona no está haciendo.

Debemos aprender a reconocer nuestros dones y luego ponerlos en práctica. Si vas a un puerto para conseguir un trabajo en un barco y te preguntan: "¿Sabes algo sobre barcos?" y respondes "No", no es probable que consigas un trabajo. Si vas a una prueba de baloncesto profesional, pero no sabes cómo driblar una pelota de baloncesto, la prueba no saldrá bien. Si estás interesado en participar en el ministerio, necesitas saber en qué eres bueno. Conocer tu don o tus dones es tan importante como ponerlos en práctica.

Para mí, era el idioma español. No tengo muchos talentos, pero sí hablo español. Me tomó ocho años de estar asistiendo en nuestra congregación para poner mis habilidades en práctica y hablar español en una campaña evangelística. ¡Qué vergüenza haber tenido que esperar tanto! Tú tienes la habilidad de hacer algo. ¡Involúcrate! Lo mejor que puedes hacer para aumentar tu fidelidad es servir a otras personas. Quita el enfoque de ti. Ese es el beneficio de estar involucrado en el ministerio. No es lo que obtengo, sino cómo puedo ayudar a alguien más. En su libro *Deep and Wide*, Andy Stanley dice: "Como líderes, nunca es nuestra responsabilidad llenar la copa de nadie más. Nuestra responsabilidad es vaciar la nuestra"(Stanley, p.11).

Uno de los otros problemas con los que nos encontramos es juzgar la fidelidad de los demás. Si alguien dice: "Él o ella es un cristiano fiel", ¿qué es lo primero que se nos ocurre? Nunca faltan a una reunión o un culto. ¡Están aquí cada vez que las puertas están abiertas! ¿No es esta la imagen que creamos? Conozco muchas congregaciones que no se reúnen el miércoles por la noche o el domingo por la noche. ¿Pueden seguir siendo cristianos fieles? No recuerdo haber visto una orden para juzgar a otros, pero muchas veces se nos ordena amar a los demás, especialmente a los cristianos. En lugar de juzgar o condenar a las personas que no lo hacen cada vez que se abren las puertas, demostrémosles una medida extra de amor y motivación.

No digo que debamos evitar asistir a las reuniones. Me encanta estar cerca de mis hermanos y hermanas en Cristo. El domingo es mi día favorito de la semana. Mi familia está en el edificio desde las 9:00 a.m. hasta las 3:30 o 4:00 p.m. todos los domingos. ¡Es agotador! Los domingos por la noche son geniales porque podemos sentarnos, relajarnos y reflexionar sobre cómo Dios trabajó a través de nosotros. ¡Nunca he tenido dificultades para dormir los domingos por la noche!

Mi fidelidad ha crecido debido al servicio en el que Dios nos ha bendecido participar mientras nos acercamos a los hispanos en nuestra área. Cada vez que toman un descanso en su agenda para venir a edificarnos con su presencia, glorifica a Dios y me levanta a mí. Cada vez que hay una necesidad en el grupo y podemos ayudar a satisfacer esa necesidad, hay una renovada sensación de energía y amor que es inexplicable. Hay algo que al ayudar a los demás, esto nos ayuda a nosotros mismos.

A lo largo del Antiguo Testamento, Dios les recordaba constantemente a Sus líderes fieles un hecho importante. El estaba con ellos. Cuando Josué fue acusado de liderar a los israelitas después de la muerte de Moisés, Dios le dijo repetidamente: "Esfuérzate y sé valiente, y no temas. Yo estaré contigo." Como cristianos, tenemos la misma promesa de Jesús justo antes de que Él abandonara la tierra. Él nos dice que estará con nosotros hasta el final, según Mateo 28.

Dios está contigo. Cuando sientes que tu fidelidad comienza a renunciar, no hay lugar más grande al que acudir que a tu Padre celestial. No hay ningún otro lugar donde Él quiere que busques. Quizás es por eso que Pablo dice: "Por nada estéis afanosos, sino sean conocidas vuestras peticiones delante de Dios en toda oración y ruego". Ser fieles requiere que tengamos fe en algo que quizás no podamos ver físicamente. Esto es parte del viaje para un cristiano. Confía en que Dios está ahí para ti.

Conocer y confiar en que Dios está con nosotros en cada paso del camino debería eliminar la ansiedad de nuestra fidelidad a Él. Si sentimos que no hemos ayudado a una sola alma a venir a Jesús, mi sugerencia es que tratemos nuestra fe como una semilla. Debemos plantarla en los lugares correctos. El mejor lugar para plantar para mí puede no ser el mejor lugar para plantar para ti. Todos tenemos un grupo que no nos escucha y un grupo que sí nos escucha. Pablo fue llamado a predicar a un grupo debido a sus antecedentes y Pedro fue llamado a predicar a otro grupo. Tus compañeros de trabajo y amigos son personas que quizás yo nunca conozca, y estoy conectado con personas que quizás tú nunca conozcas. Plantemos en el lugar donde estemos.

También debemos regar con motivación y amor mientras tratamos de ayudar a otros a que vean a Jesús a través de nuestras palabras y acciones. El aspecto más importante de tratar nuestra fe como una semilla es dejar que Dios provea el crecimiento. Eso es lo que nos ha pedido que hagamos. Todavía estoy estudiando con personas que no han aceptado a Jesús como su Salvador. Han pasado casi tres años. ¿Es mi culpa? ¿Por qué no obedecen? ¿Te imaginas cuánta ansiedad y estrés tendría si sintiera que su crecimiento es mi responsabilidad? Mi trabajo es plantar, y eso es lo que sigo haciendo. Cuando se convencen suficientemente como para obedecer, Dios proveerá el crecimiento y Dios recibirá la gloria. Si estamos estresados porque esperamos recibir la gloria de otros que vienen a Jesús, hemos perdido completamente el punto de evangelismo. Dios proporciona el crecimiento, y si nos utiliza a ti o a mí en el camino, alabado sea Dios por esa oportunidad.

Amo la jardinería. También me encanta el gran paralelismo que existe entre la jardinería y el evangelismo. Nuestro jardín este año ha producido dos sandías enormes, más de treinta pepinos gigantes, cuarenta jalapeños, varios tomates y no puedo contar la cantidad de las hojas verdes. ¿Por qué? ¿Es porque soy un jardinero que hace milagros? No, es porque Dios es asombroso y puede utilizar a alguien tan simple como yo para poner una semilla en el suelo y ponerle agua de vez en cuando. ¿Algo crecería sin que yo ponga semillas en el suelo? No. Tenía que hacer algo. El evangelismo funciona de la misma manera. Si no plantamos la semilla, la gente nunca tendrá la oportunidad de conocer a Jesús. Debemos hacer nuestra parte. Nos usará si se lo permitimos.

Al final de cada uno de estos capítulos sobre ansiedad, hemos visto cómo el método T.R.I.A.L.S. puede ayudarnos a disminuir el estrés y eliminar la ansiedad en nuestra vida. Funciona de la misma forma con nuestra fe. ¿Estamos dispuestos a ser vulnerables o preferimos vivir con ansiedad? Elijamos la paz. Sumérgete en T.R.I.A.L.S. y observa cómo la ansiedad puede ser eliminada.

Transparencia: Muchas veces vivimos en negación cuando se trata de algunos aspectos de nuestra fe. Debemos ser abiertos y honestos con nosotros mismos y nuestra relación con Dios. No podemos negar que Satanás es real y que trabaja todos los días para tentarnos y crear dudas, temor y orgullo. Consulta contigo mismo y observa dónde puedes mejorar si tienes dudas o temores en tu caminata diaria. Confía en Jesús para que te ayude a establecer y alcanzar tus metas espirituales.

Responsabilidad: Si hay pecados que has cometido en el pasado y aún sufres con las consecuencias, acéptalas y asume la responsabilidad. Acepta las consecuencias y sé responsable de tu pasado. Eso no significa que te detengas en estas, sino que tomes las mejores decisiones posibles a partir de hoy. Enfoca en el presente aquellas responsabilidades que tienes para tu fidelidad. Descubre tus talentos y comienza a usarlos para el crecimiento del reino.

Intencionalidad: El crecimiento espiritual no sucederá por accidente. Debes decidirlo. No esperes a que la fidelidad solamente aparezca. Haz que la fidelidad suceda. Cada elección que hagamos debe ser con intención y con el propósito de crecer en nuestra relación con Dios y su pueblo. Piensa primero, luego actúa. Sé proactivo y no tendrás que preocuparte por ser reactivo.

Aprecio: Cuando trabajas fuertemente para ser transparente, responsable e intencional, Dios recompensará tus esfuerzos. Tómate el tiempo para apreciarte por el trabajo que realizas. Si tu cónyuge comparte tu fe, agradécele por ello. Si tu cónyuge comparte tu ministerio, muéstrale tu gratitud. ¡No podemos hacerlo solos!

Límites: Hay dos áreas en las que necesitamos conocer nuestros límites. La primera es con la tentación. Si conoces áreas de la vida que te tientan, evítalas. ¡Evítalas! No fuerces los límites de tus tentaciones. Esto nunca te ayudará. Reemplaza las situaciones tentadoras con personas o lugares positivos y alentadores. Tentación = deseo más oportunidad. Si eliminamos el deseo o evitamos la oportunidad, eliminamos la tentación.

La segunda tiene que ver con la carga que llevas como siervo. A veces puedes sentir que tus límites están siendo presionados con respecto a lo que puedes ofrecer. Cuando tenemos la oportunidad de servir, pero no tenemos el tiempo o la energía, debemos aprender que está bien decir "No, gracias" o "Lo siento, pero no puedo en este momento". Me encanta enseñar y predicar, pero mi carga está llena en este momento. Estoy en mi límite. Cada vez que digo "sí" a alguien o algo, digo "no" a algo u otra persona. Ten prioridades y aférrate a ellas. Conoce tus límites. No los fuerces.

Simplificar: Cuando se superan nuestros límites y la ansiedad comienza a asomarse, debemos aprender a simplificar. Esto puede requerir delegar oportunidades espirituales y pasarlas a otros que estén dispuestos a ayudarnos para que no nos abrumemos. Está bien simplificar para no quemarnos. La simplificación también puede ser una excelente manera de hacer ejercicios de trabajo en equipo y lograr que más personas participen en el servicio. Utiliza los recursos que tienes.

Motivación: Ponte a prueba esta semana para agregar un elemento de servicio a tu fe. Puede ser algo que haces para servir a otros o para servir a tu propia fe. Comprométete a aumentar el tiempo que pasas sirviendo al pueblo de Dios (¡esto incluye servirte a ti mismo!). Si actualmente estás abrumado, tu desafío es simplificar. Encuentra una manera de permitir que alguien te ayude con una responsabilidad actual. Pedir ayuda es difícil, pero vale la pena.

Consejo: Pídele ayuda a alguien. Incluso si no necesitas ayuda con lo que estás trabajando, solicítala de todos modos. Deja de lado el orgullo y deja que alguien te ayude. Trabaja en la construcción de relaciones en el reino.

Oración: Gracias, Señor, por crearme para ser yo mismo. Ayúdame a aprovechar siempre las oportunidades para servirte y servir a tu pueblo. Ayúdame a enfocarme en lo espiritual más que en lo físico. Cuando estoy abrumado, ayúdame a sentir la paz que deseas que yo tenga a causa de tu Hijo y lo que él hizo por mí. Amén.

PREGUNTAS A CONSIDERAR:

Transparencia:

¿Por qué crees lo que crees?

¿Cuándo fue la última ves que lograste alcanzar una meta espiritual?

Si verdaderamente crees que existe espacio para el crecimiento espiritual en tu vida, ¿qué estás haciendo para crecer?

Responsabilidad:

¿Cómo estás siendo responsable con los talentos que Dios te ha dado?

¿Cómo están produciendo fruto los talentos que Dios te ha dado?

Intencionalidad:

¿Cuándo fue la última vez que pensaste seriamente en un objetivo específico relacionado con tu crecimiento espiritual?

¿Cómo se alinean tus intenciones con tu plan para hacer que tus metas se conviertan en una realidad?

Aprecio:

¿Has mostrado gratitud hacia la mayor influencia espiritual en tu vida? ¿Cómo?

¿Has mostrado gratitud a aquellos que actualmente te apoyan en tu vida espiritual? ¿Cómo?

Límites:

¿De qué manera han formado tu fe tus límites espirituales?

¿Cómo has logrado alcanzar tus compromisos espirituales en momentos donde te has sentido abrumado?

¿Cuál es tu plan para no superar tus límites espirituales?

Simplificar:

¿Cuáles son 2 formas en que puedes reducir tu estrés espiritual?

¿Quiénes son 2 personas en tu vida que están dispuestas a ayudarte a reducir el estrés espiritual?

¿Cuándo fue la última vez que ayudaste a alguien a reducir su estrés espiritual?

El crecimiento espiritual no se trata de agregar más compromisos, orar más o leer más. El crecimiento espiritual tiene lugar cuando aplicamos lo que aprendemos de la Biblia a nuestra vida diaria mientras servimos a Dios poniéndolo en la cima de nuestras prioridades. Espero que Dios nos bendiga a todos con menos estrés y sin ansiedad en nuestra fe continuando Sus caminos y sirviendo a Su pueblo. Cuando nos enfocamos externamente, recibimos la bendición internamente.

CAPÍTULO 9

DUELO Y ANSIEDAD

Antes de profundizar demasiado en este capítulo, ten en cuenta que el contenido no está destinado a ayudarte si te encuentran en medio de una tragedia. Si te encuentras experimentando un dolor intenso en este momento, lamento que tus circunstancias actuales no sean las ideales. Si deseas que ore por ti, envíame un correo electrónico y te prometo que oraré por ti en el momento en que las reciba. Lo haré.

Al compartir algunos de los desafíos de la vida que hemos enfrentado en nuestro hogar, verás que la vida es diferente para cada uno de nosotros. **Advertencia:** no he experimentado ninguna pérdida o tragedia extremas. No soy un experto en afrontar momentos tan difíciles como esos. Es posible que hayas experimentado luchas similares a las de nuestra familia o que tu vida haya sido o sea difícil en la actualidad. Mi objetivo es centrarme en la prevención. El método T.R.I.A.L.S. no es algo que diseñé para resolver todos los problemas relacionados con la ansiedad. Es un estilo de vida que he vivido durante más de una década y me ha funcionado. Cuando aplicas estos principios a la vida, tu percepción del dolor cambia y aprendes a ver a través de un lente que te permite dejar de lado cómo otros esperan que actúes.

Como en los capítulos anteriores, es necesario mencionar al principio lo importante que es no utilizar la palabra "normal" cuando sufrimos o cuando otros sufren. El dolor es común a todos en el sentido que todos lo experimentamos, pero todos sufrimos de formas diferentes. Si aspiramos a ser como alguien más, debería ser Jesús. Isaías 53:3 dice: "Despreciado y desechado entre los hombres, varón de dolores, experimentado en quebranto; y como que escondimos de él el rostro, fue menospreciado, y no lo estimamos". Cuando leemos el Nuevo Testamento, vemos que Jesús era un hombre que conocía el dolor. Tenía amigos que murieron. Tenía amigos que lo traicionaron y perdieron la fe completa en Él como amigo, mentor y maestro. Su perspectiva era constante mientras servía a otros a través de su dolor.

No existe un parámetro para el dolor, pero sí para la ansiedad. El duelo no siempre es nuestra elección, pero la ansiedad sí lo es. Comparar cómo nos sentimos o reaccionamos durante la tragedia con cómo otros se sienten o reaccionan nunca es beneficioso cuando se trata de evitar la ansiedad. Intentar ser como los demás a veces puede causarnos más ansiedad cuando estamos afligidos que la prueba a la que nos estamos enfrentando.

> *No existe parámetro para el dolor, pero sí para la ansiedad.*

No soy una persona emotiva. Y eso está bien, no tengo que serlo. Si ganara un millón de dólares, estaría emocionado, pero no me oirías dar gritos. Al mismo tiempo, cuando experimento pérdida, no me escondo en una cueva durante un año ni camino cabizbajo durante meses como si mi vida hubiera terminado. Puedes ser muy emocional, y eso está bien. Al igual que con todas las otras áreas que estudiamos acerca de la ansiedad, la clave es el dominio propio. Cuando permitimos que otros sean los que determinen cómo debemos responder a una situación difícil, esto traerá como resultado potencial estrés y ansiedad.

LAS DOS CAUSAS DE ANSIEDAD RELACIONADAS CON EL DOLOR

Antes de profundizar en las dos causas de la ansiedad relacionada con el duelo, debemos definir cuatro palabras relacionadas con este tema: Duelo, tristeza, simpatía y empatía. Todas las definiciones provienen del diccionario en línea de Merriam-Webster y sus traducciones del inglés. El duelo se define como "angustia profunda y conmovedora causada por duelo o como si fuera un duelo". Triste se define como "afectado por o expresivo del dolor o infelicidad". Simpatía se define como "una afinidad, asociación o relación entre personas o cosas en donde lo que afecta a uno afecta de manera similar al otro". La empatía se define como "la acción de comprender, ser consciente, ser sensible y experimentar indirectamente los sentimientos, pensamientos y experiencias de otro, ya sea del pasado o del presente, sin que los sentimientos, pensamientos y experiencias se comuniquen completamente de manera objetiva y explícita" (www.merriam-webster.com).

Cuando otras personas experimentan dolor, a menudo estarán tristes. Nosotros podemos empatizar o simpatizar con ellos. A veces, la simpatía es exactamente lo que otros necesitan mientras lloran. Algunos prefieren llorar solos. Hace muchos años, antes de que yo naciera, una amiga mía perdió a su padre. Ella no quería a nadie cercano a ella. Ella no quería hablar con su esposo o sus amigos. Está bien. Comprender la forma como necesitamos y queremos afrontar el duelo es importante para ayudarnos a evitar la ansiedad, que a menudo es el resultado de un dolor que no estamos preparados para experimentar.

¿QUÉ SUCEDERÍA SI...?

La primera causa de ansiedad relacionada con el dolor es algo que no sucede. Innumerables eventos nunca ocurren y causan ansiedad. Hace años, nuestra hija mayor desarrolló un nódulo en la garganta. Comenzó muy pequeño y asumimos que no era nada. Un mes después, aumentó al tamaño de una canica, y decidimos ver a un especialista. Él nos dio algunas opciones de lo que pensó que podría ser, pero no nos dio nada definitivo. Nos recomendó ver a un cirujano para drenar la masa y ver qué era. Después de drenar el quiste, nos dijeron dos cosas: 1. Todavía no estaban seguros de qué era. 2. Este quiste ya no debería regresar.

Como te puedes imaginar, no estábamos muy contentos con los resultados.

¿Te imaginas los pensamientos que cruzaban por nuestras mentes? Permíteme ayudarte. La palabra "c". Teníamos miedo de que nuestra niña tuviera cáncer. Las citas, la duración de la vida, la calidad de vida y la ayuda que necesitaríamos son solo algunas de las dificultades que comenzaron a aparecer en nuestras mentes y ni había un diagnóstico. Ni siquiera había una sugerencia de cáncer, pero la incertidumbre nos llenó de temor. Nos quedamos con, ¿y qué tal si...? Por un tiempo, vivimos en un mundo imaginario en el que ella tenía cáncer y la ansiedad de la vida real se apoderó de nuestra casa.

Estábamos agradecidos con la idea de que no debería volver, pero sí regresó. Esta vez, era del tamaño de una pelota de golf y nos enviaron a Nueva Orleans para ver a un especialista. Cuando vimos al especialista, no se había hecho más grande y nos dijo que la resonancia magnética mostró que era un quiste del conducto tirogloso, que podría extirparse quirúrgicamente. Regresamos a casa y programamos una cirugía para extirpar el quiste. Después de una cirugía exitosa, afortunadamente, no ha regresado.

Todo este proceso duró varios meses, y el mundo siguió girando mientras lidiábamos con nuestra situación potencial de cambiar nuestras vidas. ¿Captaste la palabra clave? Potencial. Vivíamos todos los días con dudas e incertidumbre de lo que podría suceder. También tuvimos que explicar todo esto a una niña que quería jugar como si nada estuviera pasando. Sentí que necesitaba envolverla en una burbuja para que no le pasara nada malo, y fue agotador.

Si buscas en línea, encontrarás una variedad de personas con una opinión sobre el porcentaje exacto de cosas de las que nos preocupamos que nunca suceden, pero la conclusión es esta: nos preocupamos por muchas cosas que no suceden. La pregunta es, ¿por qué? ¿Miedo a lo desconocido? ¿Miedo al cambio? Miedo a _____? El miedo causa ansiedad. No es necesario, pero nos causa ansiedad a muchos de nosotros.

SUCEDIÓ, ¿AHORA QUÉ?

La segunda causa de ansiedad relacionada con el dolor es lo que sí sucede. La vida nos presenta situaciones todos los días y nos ponemos ansiosos. Muchas de estas circunstancias están fuera de nuestro control. Hace unos años, mi abuelo falleció como resultado de un paro cardiaco. Fue difícil para toda nuestra familia. Yo estuve fuerte. Mantuve mis emociones adentro porque muchos necesitaban que fuera estable en ese momento. Al lado de la tumba, mientras trataba de decir algunas palabras, no pude más. Las emociones comenzaron a salir. El dolor que estaba sosteniendo era más fuerte que mi disposición de ocultar la emoción. No puedo subrayarlo suficiente; el duelo no es malo. De hecho, hay ocasiones en que tenemos que pasar por el duelo. Está bien ser emocional.

La lección difícil de aprender es cómo no permitir que el dolor se convierta en ansiedad. ¿Cuál es nuestra respuesta al dolor? ¿Nos consume? ¿Crea una agitación interna que nos paraliza hasta el punto de que no queremos salir de la casa o ver a nadie? No te sugeriré cómo lidiar con tu dolor, especialmente si estás en medio de una tragedia. Quiero que continúes leyendo. Ofreceré algunas herramientas y recursos para prepararte para la próxima vez que el duelo te enfrente.

¿Por qué experimentamos dolor? Esta pregunta hace que muchos duden de la existencia de Dios. ¿Cómo podría un Dios que es todo amor permitir a alguien, especialmente a los cristianos, experimentar sufrimiento y tribulación? "Permitir" no significa "forzar". Las leyes son aprobadas para mantenernos a salvo. La gravedad nos mantiene en tierra a menos que elijamos volar en un avión o subir una escalera. Comprender las consecuencias de ignorar la gravedad al saltar desde las alturas sin precauciones de seguridad es importante si queremos evitar el dolor físico. Debemos estar preparados para evitar lesiones. La preparación es clave para evitar la mayoría de las formas de dolor físico. También es clave para evitar la mayoría de las formas de dolor emocional, como el duelo.

Cuando tenía doce años, mi abuela me dijo que iba a ser un buen predicador del

Evangelio cuando fuera mayor. Sonreí y le dije que me encantaba que abuelo y papá eran predicadores, pero "no era lo mío". Recordaré esta conversación por el resto de mi vida. Una de las razones por las que no quería predicar a tiempo completo era porque no quería dar discursos en bodas y funerales. No quería lidiar con personas emocionales, independientemente si eran felices o tristes. ¿No suena esto terrible? Veintitrés años después, no solo soy un ministro a tiempo completo para una congregación de habla hispana, sino que lo hago voluntariamente. No cambiaría nada.

También he enseñado durante muchos años en varias congregaciones alrededor de nuestra zona y he desarrollado excelentes relaciones con muchas personas. Como resultado, me piden que presida bodas y funerales. Hace varios años, un buen amigo mío que tenía 82 años me preguntó si predicaría en su funeral. Vivía a nueve horas de distancia. Le dije: "Mientras no planees morir, lo haré". Menos de un año después, recibí una llamada de su esposa un domingo por la mañana. Supe al instante lo que había sucedido. Estaba programado para impartir un seminario en Costa Rica la semana siguiente, pero el funeral tuvo lugar unos días antes de mi viaje y pude asistir. De camino a casa, me detuvieron por exceso de velocidad. No fue intencional. Estaba en una zona de construcción y no me percaté. Hice todo lo posible para explicarle al oficial la razón de por qué estaba en la ciudad y de que no me había dado cuenta de que era una zona de construcción. A ella no le importó mi duelo. Ella me hizo la multa. Hay momentos en que otros no simpatizarán con nosotros. Está bien, no tienen que hacerlo. Decidí no predicar en más funerales.

Dos años después, me pidieron que predicara en el funeral de otro amigo. Tenía veintiún años. Decirles que no era algo que no estaba dispuesto a hacerle a su familia, así que le dije que hablaría en el funeral. Había una gran diferencia emocional entre predicar para el funeral de alguien de ochenta y dos años y otro para alguien de veintiún años. Estas dos personas habían vivido vidas completamente diferentes. Uno no había vivido mucho tiempo.

¿Cómo afrontas el dolor cuando pierdes a un cónyuge o un hijo? Para ser sincero, no estoy seguro porque nunca he perdido un padre o un hijo. Es más que difícil sentir que has ayudado a alguien a través de este tipo de pruebas. Cuando otros están de duelo, no se trata de ti, se trata de ellos. Lo útil que sientes que fuiste es irrelevante. Intento no tener en cuenta mis propios sentimientos cuando las demás personas están afligidas, a menos que nosotros estemos afligidos por lo mismo. Al ofrecer apoyo a los demás, debe ser todo acerca de ellos. Antes de compartir contigo mi enfoque al ayudar a otras personas que sufren, quiero compartir contigo lo que sé que no es útil. Afortunadamente, estas son lecciones que he aprendido de otros y no de mis propias experiencias.

Incluso si has experimentado una tragedia similar a la de un amigo que está sufriendo actualmente, la frase "Sé por lo que estás pasando" nunca es útil. Nunca. No la digas. Decir: "Dios tiene el control. Solo necesitas orar" no siempre es reconfortante, incluso aunque sea cierto. La mayoría de las veces, la presencia física y el silencio son más útiles que cualquier otra cosa. Las visitas cortas son mejores que las largas, a menos que te pidan que te quedes. Será obvio si la familia o amigo afligido quiere que te quedes. Haz lo que ellos necesitan que hagas, no lo que tú necesitas.

Al ser la persona responsable de hablar durante el tiempo de sufrimiento de mis amigos, mis nervios casi me ponen en un aprieto. Me encanta hablar en público, pero no me gustan los funerales. Me preparo bien para sermones y clases, pero paso un poco más de tiempo preparándome para las ocasiones de duelo. Compartí varias historias personales durante ambos funerales. Consulté la Biblia para la mayoría de lo que dije. En mi intento por conectar las emociones y el dolor de estas familias, compartí lecciones que aprendí de un estudio bíblico del libro de Job. Él conocía el dolor muy bien y, debido a su relación con Dios, estaba preparado para cualquier cosa que la vida le presentara.

Job era un hombre justo y el más rico de su tiempo. Puedes leer Job capítulo 1 y verás la abundancia de sus posesiones. Investigación adicional demuestra que no solo perdió una gran cantidad de riqueza, sino que también perdió a diez hijos y su salud. El sistema de apoyo que le quedaba le aconsejaba que maldijera a Dios y que muriera. Esto es miseria. Esto es duelo. No hay dudas que él estaba triste. ¿Qué mantiene a alguien activo cuando las pruebas de mayor magnitud inundan su vida? Fe. Amigos. Familia. Desafortunadamente, Job perdió a su familia. Sus amigos no le ayudaban. Su fidelidad a Dios, inquebrantable. Job respondió como yo esperaría hacerlo en su lugar. Si alguna vez enfrento una calamidad como la que él enfrentó, espero que mi respuesta sea, *"Desnudo salí del vientre de mi madre, y desnudo volveré allá. Sea el nombre de Jehová bendito"*.

La única pregunta a la que Job quería una respuesta es la misma pregunta que muchos hacen cuando sufren una pérdida. ¿Por qué? ¿Por qué estoy pasando por esto? ¿Por qué Dios permitió que esto sucediera? Mientras sufría de la peor forma que uno puede imaginar, sus amigos no le ofrecieron ninguna esperanza. De hecho, la respuesta que dieron fue que era culpa suya y que estaba ocultando el pecado que había cometido. Aunque no aprendas nada más de esta sección, solamente no le hagas esto a alguien que está sufriendo. Buscar quién tiene la culpa rara vez es útil cuando las personas están sufriendo. A veces, nadie tiene la culpa. No estoy seguro de por qué algunas personas se sienten realizadas cuando se establece de quién fue la culpa, pero rara vez esta es la solución que buscan las personas en duelo. Job se afligió. Rasgó sus ropas. Hizo luto, pero nunca perdió su perspectiva. Por eso la fe y la fidelidad son tan importantes cuando se trata de una tragedia antes de que ocurra. Job nunca recibió una respuesta a la única pregunta que necesitaba responder. Es posible que tampoco encontremos siempre la respuesta a esta pregunta. Raramente sufrimos solos. Busca formas de ayudar a otros que sufren contigo. Lo diré nuevamente, cuando suframos, debemos servir. Esto puede ser difícil a veces, pero los esfuerzos más gratificantes en la vida suelen ser los más difíciles de realizar.

Cuando las personas están en duelo, evita ponerles dudas. El silencio es una mejor alternativa.

Si estamos preparados para algo, podemos prevenir la ansiedad. Mientras escribo, tengo amigos que sufren una tragedia en este momento que no puedo entender. Cuando fallecen amigos o parientes, la vida después de la muerte es algo de lo que la gente siempre habla. Siempre. Nunca he ido a un funeral donde la persona que presentó el discurso no haya mencionado el cielo, pero rara vez menciona el infierno. Arriesgándome a parecer insensible, quiero compartir mi perspectiva acerca de la incertidumbre que otros pueden sentir cuando se trata de la eternidad de alguien que falleció. Yo no me preocupo por ese tema. De hecho, ni siquiera lo pienso. No puedo hacer nada para cambiar el destino eterno de alguien que falleció. No soy juez, pero conozco al juez. Él es más listo que yo, y confío en su sabiduría cuando se trata de la eternidad para todos. ¿Te has preparado tú mismo para el dolor? ¿Te has preparado para la eternidad? Si te has preparado para la eternidad, prepararte para el dolor es mucho más fácil.

He asistido a muchísimos funerales. He escuchado a predicadores anunciar con orgullo el futuro de los fieles siervos de Dios y he escuchado a predicadores tratar incómodamente de convencer a los miembros de la familia de que su hijo, un ateo pronunciado en el momento de una muerte temprana, está en un lugar mejor. Si bien la mayoría han sido similares, algunos se destacan. Asistí a un funeral donde no se hicieron oraciones. Estaba bien, simplemente no estaba acostumbrado a no escuchar oraciones. Quizás lo más interesante que escuché en un funeral fue: "Probablemente esté en el cielo ahora mismo". ¿Probablemente? ¿De verdad? No estoy seguro de cómo se suponía que esto haría sentir a la familia, pero me hizo sentir incómodo. Cuando las personas están en duelo, evita darles dudas. El silencio es una mejor alternativa.

He mencionado que no me gustan los funerales. De hecho, no planeo tener uno cuando muera. No creo que esté mal celebrar un funeral, pero no quiero uno para mí. Hay muchas razones por las cuales las personas eligen celebrar un funeral. Algunas son culturales. Algunas son espirituales. Algunas son por la familia. Los funerales son un gasto en un momento en que las personas necesitan concentrarse en otras cosas. Esta es mi opinión. Ciertamente estás en la libertad de no estar de acuerdo.

Quiero que la gente se divierta cuando yo fallezca y no se preocupen o tengan ansiedad por no saber qué vestir en mi funeral. No quiero que tengan que viajar ninguna distancia o pasar un día entero agonizando por mi ausencia, sino que celebren una vida bien vivida. Disfruto cada día que respiro y no vivo con ansiedad. Quiero que este enfoque de la vida libre de ansiedad sea lo que otros recuerden e implementen en sus propias vidas. Si no estoy ansioso por mi propia muerte, tampoco quiero que nadie más esté ansioso.

¿Cómo se prepara alguien para la tragedia o cómo desarrolla una mentalidad que le permita experimentar el duelo sin vivir con ansiedad? El método T.R.I.A.L.S. es una forma de enfocarnos en los demás en lugar de en nosotros mismos antes y durante circunstancias trágicas. Como en todas las áreas de la vida, cuando nos enfocamos en los demás, somos los beneficiados. Puede sonar extraño establecer metas para enfrentar la tragedia, pero prepararnos para todo requiere que establezcamos metas alcanzables.

Transparencia: En medio de la tragedia, la transparencia es vital. Expresar nuestros sentimientos puede requerir mucho valor, pero es útil para el cuerpo y el alma. Liberar tensión, hostilidad, ira y cualquier otra emoción que experimentemos durante el proceso de duelo ayudará a que nuestro dolor no se convierta en ansiedad. Si creamos un estilo de vida de transparencia, es más fácil que nos abramos durante la tragedia. Será difícil ser vulnerable si nos sentimos obligados a hacer esto durante las pruebas. Recuerda, los secretos crean estrés interno. Los secretos no causan estrés a otros, nos causan estrés a nosotros mismos.

Si tú eres el sistema de apoyo para un amigo o familiar que sufre, debes ser accesible. Debes ser transparente y, al mismo tiempo, mantener la calma. Mantener el autocontrol siempre es algo bueno.

Responsabilidad: Durante cada prueba, tenemos responsabilidades. Puede ser trabajo, familia, finanzas o responsabilidad dentro de la prueba misma. Somos responsables por nosotros mismos y podemos tener responsabilidades hacia los demás. Incluso cuando el estrés está en su apogeo, debemos ser conscientes de lo que son. Además, debemos tener los medios para llevarlos a cabo. Si no estamos seguros de lo que debemos hacer, pregúntale a alguien. Esto es parte de ser responsable y transparente al mismo tiempo.

Intencionalidad: Estar preparado para el dolor no sucede por accidente. Debemos diseñar un plan. Nos preparamos para nuestras finanzas, trabajos, familias, fe, etc. La planificación del dolor puede parecer algo triste, pero es sensato. No podemos superar con fluidez las dificultades de la vida sin planificar intencionalmente la forma cómo responderemos a la adversidad. Es inevitable. Experimentaremos dolor y dificultad. Si tenemos la intención de prepararnos para cuando llegue el momento, podremos limitar nuestro tiempo de duelo y evitar la ansiedad.

Aprecio: Vivir una vida llena de gratitud nos permite centrarnos en los demás. Vivo todos los días asegurándome de que las personas más cercanas a mí sepan cuánto les aprecio. Estoy rodeado de personas a las que amo servir, y estoy agradecido de que estas mismas personas se sirvan mutuamente. Cuando tenemos la oportunidad de ayudar a otros a través del proceso de duelo, debemos estar agradecidos por la oportunidad de satisfacer sus necesidades. Si buscamos formas de servir a los demás cuando estamos en duelo, el resultado será la gratitud.

Límites: Conocer nuestros límites nos permite prepararnos para el dolor y, potencialmente, a evitar circunstancias que pueden convertirse en pruebas. Cuando se trata de dolor, debemos comunicar nuestros límites a otros que pueden estar intentando ayudarnos. Por ejemplo, en caso de que necesitemos afligirnos a solas, buscamos una manera amable de decirles que apreciamos su buena disposición, pero que el tiempo a solas es nuestra preferencia en ese momento. Si nuestro enfoque del duelo sería servir a los demás, también debemos ser conscientes de cuánto podemos dar cuando estamos sufriendo. El esfuerzo excesivo puede ser tan dañino como el dolor real que estamos experimentando. Conocer nuestros límites y comunicarlos a los demás es una excelente manera de prepararnos antes de que lleguen las pruebas.

Simplificar: El proceso de simplificar la vida ayuda en cada situación, especialmente cuando lidiamos con el dolor. Después de darnos cuenta de nuestros límites, debemos encontrar formas de reducir los posibles factores estresantes en nuestra vida. Cuando necesitamos ayuda, debemos pedir ayuda. Si las personas ofrecen ayuda, permíteles la bendición de cuidarte. Cuando tengas la oportunidad de ayudar a otros a simplificar atendiendo sus necesidades en su duelo, sírveles. Solo sírveles.

Motivación: Mira las diferentes áreas del método T.R.I.A.L.S. y decide cuál de estos es el punto más difícil de implementar en tu vida mientras te preparas para posibles situaciones graves. Escribe dos formas en que las pondrás en práctica en tu rutina diaria.

Consejo: Sirve a otros que sufren. No olvides tu duelo, pero sirve cuando sufras. Esto no siempre es fácil. Va en contra de la naturaleza, pero es útil y funciona. Desarrolla una mentalidad para servir a los demás, independientemente de las circunstancias de la vida, y esto minimizará tu tiempo de duelo para que no se convierta en ansiedad.

Oración: Señor, entiendo que las pruebas son parte de la vida. Ayúdame a estar siempre preparado tanto para las pruebas que son esperadas como las inesperadas. Cuando sufro, ayúdame a ser lo suficientemente vulnerable como para apoyarme en ti y en tu pueblo. Cuando otros sufren, que yo pueda permitirles que se apoyen en mí. Quiero centrarme en lo externo, ser menos egoísta y ayudar a los demás para que la vida sin ansiedad sea posible para mí y para quienes me rodean. Amén.

PREGUNTAS A CONSIDERAR:

Transparencia:

Al estar en duelo, ¿cuál es el aspecto más difícil de ser transparente? ¿Por qué?

¿Cómo ayuda ser transparente en momentos de duelo?

¿Cuáles son los beneficios de ser transparente durante los momentos de duelo?

Responsabilidad:

¿Cuáles responsabilidades usualmente se pasan por alto cuando estamos en duelo? ¿Cuál es nuestro plan para evitar que se pasen por alto?

Cuando lloramos, ¿tenemos una persona a la que sepamos que podemos acudir?

¿A quién podemos servir cuando lloramos?

Intencionalidad:

¿Qué es lo más intencional que hiciste la última vez que estuviste de duelo?

Haz una lista de 2 cosas que necesitas que otra persona haga la próxima vez que tú estés de duelo.

¿Cómo puedes ayudar a otros a ser intencionales con sus elecciones cuando están de duelo?

Aprecio:

¿Cómo has tratado a las personas que te han ayudado mientras estabas de duelo en el pasado?

Cuando estás de duelo, ¿quién necesita más gratitud?

Límites:

¿Cuáles son tus límites cuando estás de duelo? ¿Demasiada gente? ¿Demasiadas responsabilidades personales o profesionales?

¿Quién te ayudará cuando alcances tus límites cuando estés de duelo?

Simplifica:

¿Cuáles áreas de tu vida deben simplificarse antes de que vuelvas a estar de duelo?

Hay muchas preguntas más que podríamos hacernos mientras nos preparamos para cualquier situación en la vida. La clave es hacer un plan y escribirlo. Guárdalo en un lugar al que puedas ir cuando ocurra una tragedia. Puede estar en tu Biblia, en tu oficina o en un lugar tranquilo de tu casa. Crea un plan y síguelo. Que siempre estemos allí cuando otros nos necesiten. Que Dios nos bendiga en nuestros tiempos de alegría y esté siempre presente en los momentos en que necesitamos paz, gracia y consuelo adicionales.

CAPÍTULO 10

ORACIÓN

¿Alguna vez has hecho algo realmente tonto? ¿Alguna vez te has puesto en una posición donde sabías que la gracia de Dios era el único medio de escapar de la mala decisión que tomaste? Cuando estaba en la universidad, fui a Honduras en un viaje misionero. Fuimos a construir casas, distribuir alimentos y enseñar durante siete días. Después de todo el arduo trabajo, nuestro grupo fue recompensado con un viaje de tres días a Roatán, una isla en Honduras con arrecifes de coral tan hermosos que ni te los puedes imaginar, a menos que ya hayas estado ahí. De hecho, nos dijeron que era el segundo mejor arrecife del mundo.

Fui con un grupo de hondureños a bucear y luego aprendí que la aventura consistía en nadar por medio de algunas cuevas. Llegamos a la primera cueva y fui el último en nadar abajo. Nadé unos diez pies hasta la entrada de la cueva, y la belleza que vi me dejó sin aliento. Tuve que nadar de regreso a la superficie. Una persona inteligente se habría dado cuenta de lo peligroso y tonto que era nadar por medio de la cueva, pero yo no. Tomé la respiración más profunda posible y nadé hacia abajo. Mientras avanzaba por medio de la cueva, admirando la belleza de mi entorno, no me di cuenta de que tenía el doble del tamaño de los hombres que nadaban antes que yo, y me quedé atrapado. Sin excepción, nunca había estado tan asustado en mi vida. Comencé a

"Señor, si me sacas de esta situación, nunca volveré a hacer algo tan tonto."

mover rocas y encoger mi estómago lo mejor que pude. Me retorcí e hice todo lo que pude para liberarme. En medio de mi esfuerzo, recuerdo haber orado: "Señor, si me sacas de esta situación, nunca volveré a hacer algo tan tonto". Esto suena como una oración no tan seria, pero es una promesa que cumplí. Dios no me salvó milagrosamente, pero me permitió la capacidad y la oportunidad de liberarme de esta situación tan apretada y pude escapar.

Cuando piensas en la peor decisión o la más irresponsable que has tomado, ¿cómo respondiste? ¿Intentaste arreglarlo por tu cuenta? ¿Oraste? ¿Todavía estás lidiando con las consecuencias de esas acciones? ¿Tu peor decisión involucró a tu cónyuge, hijos, trabajo, finanzas, salud o fe? La base para superar la ansiedad en cada área de la vida es la oración. Este libro está completamente conectado a un problema y una solución. Filipenses 4:6 nos dice que no estemos ansiosos por nada. Este es un problema para muchas personas porque la ansiedad parece ser inevitable. La segunda mitad de este versículo nos da una solución y un resultado. Pablo dice, "sean conocidas vuestras peticiones delante de Dios en toda oración y ruego, con acción de gracias. Y la paz de Dios, que sobrepasa todo entendimiento, guardará vuestros corazones y vuestros pensamientos en Cristo Jesús."

Si la ansiedad es el problema y la oración es la solución, más vale que aprendamos cómo orar.

La paz es lo opuesto a la ansiedad. ¿Cuántas noches de insomnio has experimentado por tener paz en tu vida? Probablemente no muchas, si es que ha habido alguna. Si la ansiedad es el problema y la oración es la solución, más vale que aprendamos cómo orar. Quiero enfatizar que superar la ansiedad requiere más que la oración. Si bien la oración es importante, es solamente la base. El método T.R.I.A.L.S. acompañado con la oración es un catalizador de la fe en acción para evitar que el estrés se convierta en ansiedad.

Filipenses 4:6 menciona dos de las cinco palabras griegas traducidas a nuestra oración en inglés: proseuchumai y deesis. Claramente, entender la oración es un componente vital para superar la ansiedad. Discutiremos ambas áreas mientras nos esforzamos por comprender mejor lo que Dios espera de nosotros cuando nos comunicamos con Él.

¿Qué crees sobre el poder de la oración? ¿Cuál es tu reacción cuando las circunstancias cambian para bien? ¿Te das palmaditas en la espalda y te das cuenta de lo bueno que eres por tus logros? Yo lo he hecho. ¿Será difícil rechazar el crédito cuando sucede algo bueno? Se siente bien lograr éxito. Se esperan buenas calificaciones después de estudiar. Se siente bien escuchar que eres bueno en algo. ¿Qué sucede cuando las circunstancias no son buenas? ¿Cómo reaccionas cuando no obtienes buenas calificaciones después de estudiar? ¿Cómo reaccionas cuando mereces un aumento salarial, pero te despiden o alguien más recibe el aumento y te pasan por alto? Pensar en estas situaciones puede ponernos de mal humor, y buscamos a alguien a quien culpar.

Si la base para evitar la ansiedad es la oración, no basta con saber cómo orar, sino ponerlo en práctica. Consideraremos cinco áreas de la oración, pero mantén esta pregunta en el fondo de tu mente: ¿cómo sería tu relación con Dios si pasaras el mismo tiempo con él que con la persona más importante en tu vida? Muchos dicen que la relación más importante en su vida es Dios, pero sus acciones pueden decir algo diferente. Vamos a desglosar esto por los números. Si oras durante veinte minutos cada día, son dos horas y veinte minutos por semana. ¿Cómo se sentiría tu pareja si solo tuvieras dos horas y veinte minutos de tu tiempo cada semana? ¿Cómo puedes esperar tener una gran relación con alguien con esta cantidad de tiempo? Si bien los hombres y las mujeres pueden responder la pregunta de manera diferente, tener más comunicación nunca será algo negativo.

Me encanta orar y enseñar acerca de la oración. Siempre es un tiempo de autorreflexión. Me veo obligado a considerar mi propia vida de oración y la forma como necesito mejorar. ¿Puede tu vida de oración tener una mejora? He enseñado muchas clases acerca de este tema y les pregunto a los grupos: "¿Cuántos de ustedes oran demasiado?" Nunca he visto una mano levantarse. No hay una cantidad estándar de tiempo que debamos orar. Ciertamente no debemos compararnos entre nosotros porque la oración no es una competencia. Comparar nuestra vida de oración con la de otro requiere juzgar el corazón de alguien. No eres un juez. La oración es parte de nuestra meta diaria de acercarnos a Dios y eliminar la ansiedad en nuestra vida. Oro para que crezcas diariamente.

Hay cinco áreas de oración en las que debemos enfocarnos a medida que desarrollamos nuestra relación con Dios: Adoración, confesión, acción de gracias, súplica e intercesión. Dentro de cada una de estas áreas, vemos la necesidad de ser específicos. Es útil comparar nuestras relaciones físicas con nuestra relación con Dios para tener un mejor punto de vista más concreto de la necesidad de ser específicos cuando nos acercamos a nuestro Padre celestial. Compararé mi relación con mi esposa con mi vida de oración. Elije tu relación más importante al considerar las preguntas en cada sección.

ADORACIÓN

Esto implica decirle a Dios lo que pensamos de él. Tenemos un ejemplo en Mateo 11:25 cuando Jesús le habló a Dios. Jesús dice: "Te alabo, Padre. . . " El Salmo 145 es completamente acerca de hablarle a Dios en adoración. Recuerdo haber asistido a un campamento de la iglesia en Alaska cuando era niño. Un adolescente mayor que yo dirigió una oración en nuestra cabaña, y le habló a Dios como si le estuviera hablando a un amigo. El vocabulario que usó fue interesante en mi mente. Además de otros términos, le dijo a Dios que era asombroso y buena onda. Sin duda, Dios es ambos. Al mismo tiempo, parecía un poco irreverente. Siempre considera quién es Dios al expresar alabanzas a Su nombre.

Cuando expresamos nuestra adoración a cualquiera, especialmente a Dios, debemos ser específicos. Mi esposa sabe que creo que es la mujer más bella del mundo. Ella lo es. Ella también sabe que la amo. Ella es amable, paciente, atenta, considerada, una excelente cocinera y una madre excepcional para nuestros hijos. Ella modela a la mujer mencionada en Proverbios 31. La lista podría continuar. Ella sabe que yo creo todas estas cosas, pero eso no significa que no se las exprese.

Si no estás seguro de si tu esposa quiere oírte que la alabes verbalmente, déjame ayudarte. ¡Ella sí quiere! Si crees que tu esposo no quiere escuchar lo fuerte, guapo, amable, atento y encantador que es, déjame ayudarte. ¡Él sí quiere! Sé honesto al alabar. No lo digas a menos que lo digas en serio. La comunicación positiva es un buen constructor de relaciones y es necesario para crear un ambiente que produzca tiempo de calidad juntos.

¿Puedes adivinar a dónde se dirige esta sección? Cuando hablamos con Dios, es obvio que Él sabe lo que pensamos de Él. Él es omnisciente. El hecho de que sepa lo que sentimos por Él no significa que sea innecesario decirle lo que sentimos. Expresar nuestros sentimientos a Dios es para nuestro beneficio. Más que nada, esto demuestra un espíritu de humildad requerido para reconocer Su grandeza por encima de la nuestra. Aprendamos a usar nuestras palabras sabia y humildemente mientras expresamos la grandeza de nuestro Dios. Sé específico.

CONFESIÓN

Esto implica decir nuestros pecados a Dios. Mi texto favorito relacionado con la confesión está en 1 Juan 1:7–9. Dice, *"Pero si andamos en luz, como él está en luz, tenemos comunión unos con otros, y la sangre de Jesucristo su Hijo nos limpia de todo pecado. Si decimos que no tenemos pecado, nos engañamos a nosotros mismos, y la verdad no está en nosotros. Si confesamos nuestros pecados, él es fiel y justo para perdonar nuestros pecados, y limpiarnos de toda maldad."* Estas son muy buenas noticias. Podemos vivir sin ansiedad cuando cometemos errores si los confesamos a nuestro Dios.

Esto también aplica a nuestras relaciones físicas. Imaginemos que conduzco a casa desde el trabajo y me detienen por ser el automóvil más rápido en la carretera. ¿Cuál es el premio? Una multa de 300 dólares. Mientras el amable oficial está escribiendo mi multa, uno de los amigos de mi esposa ve lo que está sucediendo y llama a Kristen para asegurarse de que estoy bien. Regreso a casa y ella me pregunta si estoy bien y respondo que todo está bien. Luego pregunta: "¿Hay algo que quieras decirme?" Señores, piensen siempre antes de responder esta pregunta;

puede salir mal. Si mi respuesta es: "Por favor, perdóname por todos los errores que he cometido", hay un cero por ciento de posibilidades de que ella vaya a estar satisfecha con esa respuesta.

En primer lugar, no he reconocido mi error. Todavía no he admitido que me gané una multa por exceso de velocidad y nuestro presupuesto ajustado se hizo un poco más estricto porque estaba tratando de llegar a casa treinta segundos antes. En segundo lugar, no he pedido perdón. Cualquiera que sea el error, debemos admitirlo, arrepentirnos y luego debemos pedir perdón. Recuerda, guardar secretos causa ansiedad a la persona que los guarda.

En nuestra relación con Dios, ser específico con nuestra confesión es vital para tener una gran relación. ¿Cuántas veces oramos o escuchamos al final de una oración: "Por favor, perdónanos por todas nuestras faltas; en el nombre de Jesús oramos, amén"? Estas palabras a veces se dicen con tal velocidad que es casi como una oración de una sílaba. ¿Realmente nos sentimos contritos cuando pedimos perdón de esta manera? Lo dudo. La oración inicial para la edificación del pueblo de Dios no es el momento para confesar públicamente nuestros pecados individuales. Preparar la mente de la asamblea para participar en la Cena del Señor no es el momento para informar al grupo acerca de todas nuestras deficiencias de la semana anterior, mes, año, etc. Sin embargo, si existe pecado en nuestra vida, debemos tomarnos el tiempo para hablar con Dios al respecto y dejarle saber cuán penitentes somos. Esto no es para beneficio de Dios. Él ya conoce nuestro pecado. Esto es para nuestro beneficio y si creemos en 1 Juan 1, sentiremos como si nos quitaran el peso del mundo de nuestros hombros cuando le pedimos a Dios que nos perdone por un pecado específico en nuestra vida.

ACCIÓN DE GRACIAS

Esto se explica por sí mismo. También resulta ser una parte directa del estilo de vida T.R.I.A.L.S. Vivir una vida centrada en la gratitud es uno de los elementos clave para prevenir la ansiedad. Expresar agradecimiento a Dios por lo que nos ha proporcionado implica humildad al admitir que tenemos necesidades.

¿Necesitamos a Dios? ¿Confiamos en Dios? Suenan como preguntas simples, pero la forma como vivimos nuestras vidas a menudo no refleja nuestras respuestas a estas preguntas. ¿Con qué frecuencia agradecemos a Dios por nuestros trabajos que nos permiten obtener ingresos para mantenernos a nosotros mismos y a nuestras familias? ¿Realmente creemos que Dios es responsable de nuestras oportunidades? ¿Cuán específicos somos cuando hablamos con Dios?

Seamos hipotéticos una vez más. Mi esposa decide enviarme a mí y a un amigo de viaje a Pebble Beach durante una semana para jugar al golf y relajarnos. No estoy seguro de dónde obtuvo el dinero para hacer esto, pero esto es hipotético, por lo que no importa. Tengo el mejor momento de mi vida. Estoy libre de estrés y vivo mi mejor vida. Cuando regreso, le doy un abrazo y le digo: "Gracias por todas las cosas que me has dado". ¿Será esto suficiente gratitud? No sé acerca de tu cónyuge, pero esto no funcionará para mi esposa. Esta mujer se hizo cargo de nuestros cuatro hijos menores de diez años, hizo un sacrificio financiero y me permitió tener una semana de descanso libre de preocupaciones. El solo hecho de cuidar los cuatro niños ya implica muchísimos detalles que merecen mi gratitud. Si el objetivo es una gran relación, debo ser específico cuando expreso gratitud.

Tu relación con Dios es igual. Si el objetivo es una gran relación, debes ser específico. ¿Alguna vez le has agradecido a Dios por las tuberías de tu casa? ¿Por tu baño? ¿Por el automóvil específico que conduces, el armario lleno de ropa, pañales para tus hijos, toallitas, la capacidad de proveer para que no tengas que prescindir de las necesidades de la vida? ¿Has escuchado el himno, "Cuenta tus bendiciones, nómbralas una por una"? ¿Alguna vez has hecho eso? Si anotaras cada bendición que se te ocurriera, ¿cuántos trozos de papel necesitarías? Dependerá de cuán específico seas. Al igual que la confesión, esto es para nuestro beneficio, no el beneficio de nuestro creador y proveedor. Santiago 1:17 dice que todos los buenos regalos provienen de nuestro Padre Celestial. Seamos personas específicas con nuestra gratitud, sabiendo de dónde vienen nuestras bendiciones.

SÚPLICA

Esto es pedirle a Dios lo que necesitamos. La súplica demanda que sepamos la diferencia entre nuestras necesidades y deseos. Santiago 1 nos ayuda a comprender las pruebas de la vida y nuestra actitud hacia ellas. Él dice en 1:5, *"Y si alguno de vosotros tiene falta de sabiduría, pídala a Dios, el cual da a todos abundantemente y sin reproche, y le será dada"*. Sin duda, todos necesitamos más sabiduría, especialmente cuando se trata de lidiar con la ansiedad. Uno de los muchos buenos dones que provienen de nuestro Padre celestial es la sabiduría para lidiar con las pruebas que encontramos en la vida.

Jesús enseñó a sus seguidores a orar por su pan de cada día, no por comida para abastecerse durante semanas. No digo que sea incorrecto tener una despensa llena de comida, pero debemos reconocer eso como un deseo y no como una necesidad. En 1 Timoteo 2, Pablo motiva a Timoteo a orar por aquellos en posiciones de autoridad. No especifica que oremos por ellos solo si nos agradan y estamos de acuerdo con ellos; él dice que oremos por ellos. Esto es por nuestro propio bien. Necesitamos personas con autoridad.

Dios es un lector de mentes. Él conoce tu mente y conoce tu corazón. No soy un lector de la mente, y tampoco mi esposa. Cuando se trata de mis necesidades, debo comunicarlas claramente a ella. ¿Recuerdas la "T" en T.R.I.A.L.S.? La transparencia es esencial al expresar nuestras necesidades en nuestras relaciones físicas. También es esencial cuando le pedimos a Dios que satisfaga nuestras necesidades. Si bien Dios ya sabe lo que necesitamos, decirle a Dios nuestras necesidades específicas crea un vínculo de honestidad y reconocimiento de que dependemos de nuestro Creador. Cuando ores, haz una lista de tus necesidades. Antes de hacer esta lista, lee Mateo 6:25–34. Encontrarás que tu lista de necesidades es mucho más corta que la de tus deseos. Cuando comprendes la diferencia entre tus necesidades y tus deseos, te das cuenta de lo verdaderamente bendecido que eres por parte de Dios.

INTERCESIÓN

Esto es pedirle a Dios por las necesidades de los demás. En Efesios 6, se nos enseña a orar o hacer peticiones por todos los santos. Santiago 5 enseña que debemos confesar nuestros pecados unos a otros y orar por los demás. ¿Por qué? El texto dice que el resultado es sanidad. Qué bendición saber que Dios nos da la oportunidad de ayudar a sanar a otras personas a través de nuestras oraciones. Orar nunca fue un acto egoísta. En Juan 17, Jesús oró para que sus seguidores se unificaran. Esto nos incluye a ti y a mí.

Muchos ejemplos a lo largo del Nuevo Testamento muestran a los apóstoles orando unos por otros y por la iglesia. En Filipenses 1, Pablo menciona que agradeció a Dios por cada recuerdo de los santos en Filipos. ¿Crees que Pablo realmente oró tanto por estas personas? Yo sí lo creo. Tú debes orar por tus hermanos y hermanas y sus necesidades. Deberías ser específico. A estas oraciones también debemos agregar el paso de decirle a tus hermanos y hermanas que estás orando por ellos. Esta comunicación construirá relaciones y creará un vínculo de unidad que solo se encuentra en Cristo. Espero que todos seamos personas que se preocupan unos por otros y traigamos estas preocupaciones ante Dios para ayudarnos en nuestro momento de necesidad.

¿QUÉ ESPERA DIOS CUANDO ORAMOS?

En Isaías 66:2, Dios manifiesta, "*Pero miraré a aquel que es pobre y humilde de espíritu, y que tiembla a mi palabra*". Dios espera que reconozcamos quién es Él y quiénes somos cuando le hablamos. Con demasiada frecuencia, bajamos a Dios a nuestro nivel o nos elevamos a su nivel cuando le estamos hablando. La humildad es un requisito para acercarse al Creador del universo. No merecemos que Él nos escuche, pero lo hace. En Lucas 18, Jesús se dirige a un grupo de fariseos que pensaban que eran mejores que los demás. Cuenta una historia de dos hombres que oraban en el templo. Uno de ellos era un hombre arrogante que se enorgullecía de su obediencia. ¿Te imaginas ser arrogante al obedecer a Dios?

El otro hombre no estaba dispuesto a levantar la cabeza, pero le pidió a Dios que fuera misericordioso porque no era digno. Dios recompensó al hombre que era humilde y contrito. El orgullo y la arrogancia siempre serán un detrimento en nuestra comunicación con Dios.

CONCEPTOS ERRÓNEOS EN LA ORACIÓN

Comenzamos este capítulo mirando lo que creemos sobre el poder de la oración. Lamentablemente, muchos de los que lo usan solamente lo hacen como último recurso. ¿Alguna vez hemos dicho: "Todo lo que puedo hacer es Orar"? Yo sí lo he hecho. ¿Es así como valoramos la oración? ¿Intentamos usar todos los recursos que tenemos para solucionar cada problema por nuestra cuenta y cuando fallamos, recurrimos a Dios? Esta no es la forma en que se diseñó la oración.

Al final de un partido de fútbol americano, cuando el marcador es muy parejo y el equipo con el balón necesita hacer una anotación de *touchdown* de último segundo para empatar o ganar el juego, el mariscal de campo lanza el balón lo más fuerte que puede a la zona de anotación y espera que uno de sus compañeros haga una atrapada milagrosa. A esto se le llama pase "Ave María". Es un último esfuerzo porque el equipo no tuvo éxito en sus intentos durante los últimos cincuenta y nueve minutos y cincuenta y cinco segundos. Esta no es la forma en que se diseñó la oración.

Cuando era niño, Shaquille O'Neal fue reclutado para jugar en la NBA. Se hizo famoso por ser uno de los basquetbolistas más grandes en la historia. También se hizo famoso por el nombre o la frase "hackear un Shaq". Fue imparable en el área de poste, pero tuvo uno de los peores porcentajes de tiros libres de todos en toda la liga. No puedo imaginar que me paguen millones y millones de dólares y no poder anotar un tiro libre, pero esa es otra historia. Cuando iba a la línea de tiros libres, a menudo pensaba: "No tiene una oración". ¿Qué significa eso? Él no tiene esperanza. ¿Es así como nos sentimos acerca de la oración? ¿Esperamos que Dios nos escuche? ¿Esperamos que nos responda? Cuando nos acercamos al trono de Dios todopoderoso, necesitamos tener confianza. Hebreos 4:16 dice que debemos tener confianza cuando nos acercamos a Dios. Hay una gran diferencia entre arrogancia y confianza.

Debemos creer que Dios escucha y contesta nuestras oraciones. Este es uno de los propósitos de todo el libro de Hebreos. Jesús es mejor que Moisés porque nos da una línea directa con Dios el Padre. Si nos acercamos por nuestra cuenta, nuestra arrogancia obstaculizará nuestras oraciones. Si nos acercamos a través de Jesús, deberíamos tener confianza en que Dios nos escucha.

La última idea equivocada que quiero mencionar acerca de la oración es: "Una familia que ora unida, permanece unida". La oración no es un agente de unión. No obligará mágicamente a las personas a llevarse bien y a nunca estar en desacuerdo. Muchas familias oraron juntas y la tragedia o la mala toma de decisiones causaron división. La oración debe ser una parte fundamental de cada familia, pero por sí sola no mantendrá a una familia unida. Aplicación del método T.R.I.A.L.S. junto con la oración ofrecen una solución para ayudar cuando la ansiedad se hace evidente en la vida de las personas o de las familias.

COMUNICACIÓN EFECTIVA

La comunicación efectiva requiere una relación clara. Debemos eliminar las barreras para poder tener una línea abierta con aquellos con quienes estamos hablando. En la oración, esto significa que no hacemos tareas múltiples. Si el único tiempo que pasamos en oración es cuando estamos conduciendo por el camino, espero que creamos que Dios nos escucha cuando nuestros ojos están abiertos. Es genial tener nuestra mente constantemente enfocada en Dios, incluso cuando estamos manejando. Sin embargo, debemos apartar un tiempo tranquilo y personal, libre de distracciones si queremos tener una línea clara de comunicación. ¿Qué tan bien reaccionaría nuestro cónyuge si la única vez que nos comunicáramos fuera mientras tenemos nuestros ojos pegados a un teléfono, televisor o computadora? ¿Qué tan efectiva haría eso nuestra comunicación? No hagas varias tareas al orar.

La comunicación efectiva también requiere tiempo. Los fragmentos de tu vida ocupada no serán suficientes si tu deseo es una gran relación con Dios. Si te tomas el tiempo para revisar cuidadosamente las cinco áreas de oración mencionadas en este capítulo, se requieren más de tres minutos cada día. Acostúmbrate a escribir tus oraciones o haz una lista de lo que quieres hablarle a Dios. Si sientes que no puedes orar por veinte o treinta minutos al día, comienza con cinco minutos. En caso de que recorrer las cinco áreas de oración sea demasiado en un día, haz un horario de oración. Por ejemplo, haz oraciones los lunes acerca de la iglesia, ya que podrían estar más frescas en tu mente. Ora por el liderazgo. Ora por los ministerios y el evangelismo. Ora para tener la disposición de involucrarse en áreas de ministerios en los que tú no estás involucrado. Haz el martes oración acerca de la gratitud y escribe cincuenta cosas por las cuales estás agradecido. Si son demasiadas, inventa veinte y agradece a Dios por cada una específicamente. El miércoles, habla con Dios acerca de lo que necesitas. Sé específico. Logra esto toda la semana y concéntrate en un área diferente cada día para que puedas mantener tu atención. Haz un plan y ponte a trabajar en tu vida de oración. Es esencial para superar la ansiedad.

CONDICIONES DE LA ORACIÓN

Deben realizarse cuatro condiciones de oración antes de acercarnos al trono de Dios. La primera tiene que ver con los motivos.

Santiago 4:3–6 dice,

> Pedís, y no recibís, porque pedis mal, para gastar en vuestros deleites. ¡Oh almas adúlteras! ¿No sabéis que la Amistad del mundo es enemistad contra Dios? Cualquiera, pues, que quiera ser amigo del mundo, se constituye enemigo de Dios. ¿O pensáis que la Escritura dice en vano: El Espíritu que él ha hecho morar en nosotros nos anhela celosamente? Pero él da mayor gracia. Por esto dice: Dios resiste a los soberbios, y da gracia a los humildes.

Nuestro enfoque debe ser la humildad y el desinterés al hablar con Dios. Si nuestra expectativa es recibir el favor inmerecido de nuestro Creador, esto nos permite comprender la necesidad de hacer la voluntad de Dios, no la nuestra.

El segundo componente es orar para que se haga la voluntad de Dios. ¿Podemos orar por cosas que van en contra de la voluntad de Dios? Supongo que podemos orar por esas cosas, pero no debemos esperar que Dios nos conceda cosas que violen su voluntad. Si oro por la capacidad de volar, ¿debería sorprenderme cuando no puedo volar? Dios puso en vigencia la ley de la gravedad para nuestra seguridad. Él no va a cambiar eso porque quiero volar. Volar sería increíble, pero no va a suceder. Ora por otra cosa. Si no estamos seguros de la voluntad de Dios en relación con nuestras solicitudes, oremos por sabiduría para aceptar la respuesta que recibimos. Deberíamos hacer esto independientemente de si estamos seguros o no.

También debemos pedir con fe. Santiago 1: 5 nos instruye a pedir sabiduría. Continúa leyendo y encontrarás que el siguiente versículo dice que pidamos con fe si deseamos recibir. La duda es una de las herramientas de Satanás que nos hace inestables e incapaces. Si pedimos sin fe, ¿para qué desperdiciar las palabras? Jesús dice en Mateo 21:22–22: *"De cierto os digo, que si tuviereis fe, y no dudareis, no sólo haréis esto de la higuera, sino que si a este monte dijereis: Quítate y échate en el mar, será hecho. Y todo lo que pidieres en oración, creyendo, lo recibiréis"*. La fe es un componente vital para nuestra vida de oración.

Sin Jesús es imposible orar. En Juan 14:6, Jesús dice: "Yo soy el camino, y la verdad y la vida; nadie viene al Padre, sino por mí". Orar en el nombre de Jesús es la condición final de la oración. Esto no significa que tengas que terminar tu oración con las palabras "en el nombre de Jesús, Amén". De hecho, la oración en las Escrituras termina de esta manera. A lo largo del Nuevo Testamento, vemos la frase "invocando el nombre del Señor". "Nombre" es la misma palabra en griego que la palabra autoridad. Es por la autoridad de Jesús que podemos orar. Jesús nos da este derecho como su pueblo.

Después de obtener el conocimiento de los componentes, conceptos erróneos y condiciones de oración, debes decidir poner en práctica la sabiduría. Ora más. Si no estás seguro de cuáles palabras decir cuando te acercas a Dios, lee las oraciones de la Biblia. Pide ayuda a los líderes de tu iglesia. He mencionado mi dirección de correo electrónico en algunos capítulos, pero aquí está de nuevo: turnerc23@ yahoo.com. Envíame un mensaje si necesitas ayuda para comenzar con tu nueva vida de oración. Tus palabras son importantes, pero tu espíritu y corazón son todavía más importantes.

El método T.R.I.A.L.S. es un gran complemento para una vida de oración constante y te ayudará a superar la ansiedad. En tus oraciones, considera cómo se utilizará cada área a medida que crezcas en tu fe y relación con Dios.

Transparencia: Dios ya lo sabe todo sobre ti. Abre tu corazón, sé honesto contigo mismo mientras confiesas pecado, gratitud y necesidades a tu Padre celestial. Él que escucha en secreto te recompensará. Ten en cuenta que la especificidad dentro del contexto de confesión y gratitud es para nuestro beneficio, no para Dios. Observa mientras tu relación crece.

Responsabilidad: Tu vida de oración es tu responsabilidad. Las familias deben orar juntas. Los cónyuges deben orar juntos, pero todos deben tener una relación personal con su Creador. ¿Te imaginas que confíes en otra persona para que se comunique con Dios por ti? Dios tampoco puede imaginarlo. Sé un ejemplo para tus amigos y familiares de una persona según el corazón de Dios. Ora a menudo.

Intencionalidad: Una gran vida de oración no sucede por accidente. Debes ser intencional con tu tiempo. Aparta el tiempo en tu día para Dios. Cada palabra que pronunciamos a Dios debe ser intencional. La repetición sin sentido es reprendida en las escrituras. ¿Por qué sería aceptable hoy? Hablar con Dios no debe ser insertado donde sobre el tiempo en nuestra vida. Nuestra vida debe centrarse en la oración. Encuentra la paz que viene a través de la oración y eliminarás la ansiedad.

Aprecio: Tener un corazón agradecido es uno de los componentes clave para una vida de oración exitosa. Muestra a Dios gratitud en tus palabras, pero también en tu vida diaria por cómo tratas a los demás. Sé un siervo. Agradece a Dios en la forma en que quiere ser agradecido, no de la manera que es más fácil para ti demostrar tu aprecio. Aprende el lenguaje de amor de Dios y exprésalo todo el tiempo. Desarrolla una actitud de gratitud.

Límites: Conocer tus límites tiene que ver con el tiempo y la sincronización. Si tus límites son presionados y se te acaba el tiempo para hablar con Dios, es hora de reducir la velocidad. Si tienes problemas con los límites, haz una lista de verificación. Coloca la oración en la parte superior, en el medio y al final de tu lista de verificación. Pon recordatorios en tu casa y lugar de trabajo para que evites los límites físicos y para que tus límites espirituales tampoco se vean presionados.

Simplificar: Cuando reduzcas las distracciones físicas, encontrarás más tiempo para la oración. Cuando los límites están por estallar, debemos detenernos, respirar y encontrar una manera de deshacernos de lo innecesario. Busca ayuda. Una vida simple es una vida de tranquilidad y paz. No tenemos que estar en movimiento todo el tiempo. Si no tenemos tiempo para orar, nos encontramos en grandes problemas. Agrega simplicidad, reduce la ansiedad.

Motivación: Haz una lista de oración. Escribe todas las áreas discutidas en este capítulo (adoración, confesión, acción de gracias, súplica e intercesión). Agrega siete elementos debajo de cada área y habla con Dios acerca de los elementos de tu lista. Haz esto todos los días durante una semana.

Consejo: Ora todas las noches. Intenta dormirte orando. Si no pronuncias o ni siquiera piensas las palabras "en el nombre de Jesús, amén", no te preocupes, Él aún escucha tu oración. Ora todas las mañanas. Cuando tu visión es borrosa, cuando tu estómago gruñe, ora. Sé agradecido por cada día.

Oración: Padre, eres maravilloso, santo, poderoso, fiel y creador de todo lo bueno. Gracias por la oración. Gracias por permitir a este siervo indigno hablarte y por la confianza que tengo al saber que escuchas y respondes a mis inquietudes. Ayúdame a crecer en mi fe y mi fidelidad hacia ti. Te pido que estés con mi familia y mis amigos. Ayúdame a ser agradecido y contento con la abundancia que me has dado. Que tu Espíritu se mueva a través de mí cada momento de cada día, y que se haga tu voluntad en mi vida. Amén.

PREGUNTAS A CONSIDERAR:

Transparencia:

¿Cuál es la parte más difícil de ser transparente en la oración? ¿Por qué?

¿Cómo puedes superar no ser transparente en tu vida de oración?\

Responsabilidad:

¿Cuáles son las consecuencias de no hacer tiempo para orar?

Escribe 2 notas recordatorias para orar y colócalas en los lugares que más frecuentas.

Intencionalidad:

¿Cuáles palabras te encuentras repitiendo en tus oraciones que parecen mencionarse sin pensar?

¿Sabes lo que realmente significa cada palabra que oras?

Aprecio:

¿Cómo quiere Dios ser apreciado?

¿Cómo le has agradecido a Dios en la última semana?

Límites:

¿Tienes tiempo limitado con Dios? ¿Por qué?

¿Qué significaría para ti forzar tus límites en tu vida de oración?

Simplificar:

¿De qué maneras puedes reducir los extracurriculares en tu vida para que haya más tiempo disponible para orar?

Si una vida simplificada permite más tiempo de oración y menos ansiedad, ¿cuáles dos cosas puedes hacer específicamente para lograr esto?

Al seguir las instrucciones en Filipenses 4:6 para no estar ansiosos por nada y orar por todo, espero que Dios nos bendiga mientras buscamos estar más cerca de Él. Que tengamos fuerza en tiempos de fragilidad mientras nos apoyamos en Él y hacemos tiempo a solas para contarle todos los detalles de nuestra vida. Recuerda, es para nuestro beneficio, no el suyo. ¡Él ya lo sabe!

.

CAPÍTULO 11

LIDERAZGO Y ANSIEDAD

¿Alguna vez te has preguntado cómo los líderes más expertos lidian con el estrés y la ansiedad? ¿Tendrán ellos algo de estrés y ansiedad? Algunos lideran sin miedo y parecen administrar algo tan ajustado que no les queda espacio para la ansiedad. Casi todas las imágenes de líderes activos proyectan a una persona optimista con una sonrisa, exigiendo que el público preste toda su atención, mientras ellos transmiten un mensaje que cambia vidas. Este mensaje tiene a todos los asistentes en suspenso. ¿Eres tú esa persona? ¿Estás en el escenario o en la multitud? ¿Dónde te encuentras en el liderazgo? ¿Eres el líder o estás siguiendo a alguien? ¿Tu papel te da paz o ansiedad?

"La ansiedad es uno de los principales enemigos de un líder (y de todos los humanos). Este problema puede paralizar el progreso de cualquier organización. Después de años de trabajar con los CEO y los dueños de corporaciones, he notado que todos tenemos un patrón para lidiar con las preocupaciones y

". . . si la preocupación no controlada usualmente nos lleva al mismo lugar al que no queríamos ir, nos lleva a una apariencia de fracaso" – John Maxwell

ese patrón debe romperse. Así es como suele funcionar... Primero, la preocupación se genera alrededor de la presión (generalmente expectativas financieras o no satisfechas). En segundo lugar, comienza a supurar y a adquirir más influencia de la que merece en nuestras mentes. Tercero, comenzamos a cambiar la forma en que nos comportamos. Para la mayoría de los hombres, he notado que lo internalizamos y nos callamos. Nos volvemos más callados en general y cortos en nuestras conversaciones. Cuarto, la preocupación comienza a afectar la forma en que pensamos. La presión aumenta mientras que nuestra estrategia y pensamientos se vuelven a muy corto plazo. Finalmente, si la preocupación no controlada usualmente nos lleva al mismo lugar al que no queríamos ir, nos lleva a una apariencia de fracaso" (Maxwell).

MI HISTORIA

Todos fallamos en algún momento de la vida. La lección aprendida impulsa o debilita al que falla. He tenido el afortunado placer de comenzar desde el fondo de una empresa y llegar a la cima. Cuando tenía quince años, trabajaba en el almacén de la empresa de piscinas. En cuanto a las escaleras corporativas, yo estaba en la parte inferior. Nadie trabajaba por menos dinero que yo. Suena alentador, ¿verdad? En el transcurso de cinco años, llegué a convertirme en una de las personas más importantes de nuestra sucursal. Contraté personas. Tuve que despedir a un empleado por dormir en la parte de arriba del almacén caliente mientras estaba en su turno. Fue encontrado por uno de los dueños del negocio que estaba en la ciudad analizando nuestra sucursal. Poco después, la compañía decidió cerrar las puertas y el gerente abrió su propia tienda de piscinas. Después de graduarme de la universidad, volví a trabajar con mi antiguo jefe como gerente de su nueva tienda. Pasé años aprendiendo todos los aspectos de este negocio, desde la organización del almacén, el inventario, la instalación, las ventas, la química del agua hasta la reubicación de la tienda. La parte del trabajo que más me gustó fue el servicio al cliente, y fue mi tarea más desafiante. Teníamos 600 clientes y conocía a la mayoría de ellos por su nombre. Mantenerlos felices todo el tiempo era todo un desafío. ¡Mucho estrés!

Mientras escalaba los puestos de este negocio, diría que fui un buen líder. Entre más experiencia y conocimiento adquiría, más pensaba que yo era valioso. La inseguridad comenzó a aparecer y las cualidades de liderazgo no estaban presentes.

De hecho, comencé a hacer todo lo posible para volverme insustituible. Pensaba que si podía hacer todo, mi jefe no querría deshacerse de mí. No iba a enseñarle a alguien todo lo que sabía porque entonces yo no sería tan valioso. Yo no estaba allí para hacer crecer el negocio, estaba allí para mantener mi trabajo y ganar tanto dinero como pudiera. Si la compañía creció como resultado, eso fue una ventaja. En retrospectiva, yo era un pésimo líder. Yo era egoísta y solo estaba allí por el sueldo. Esta no es la forma de tener éxito o de ser un buen líder. La verdad es que todos pueden ser reemplazados.

Poco después de mi noveno año en esta industria, me ofrecieron un trabajo en un ministerio sin fines de lucro. Debido a que no estaba buscando un cambio de carrera, la llamada me tomó un poco desprevenido. Los títulos de trabajo nunca fueron importantes para mí, pero debido a que solo otra persona trabajaba en este ministerio, estaba comenzando en un rango alto de la pirámide. Solo con leer la lista de responsabilidades laborales era agotador. La mayoría de las responsabilidades requerían una computadora y conocimiento de cómo usarla. Esto presentaba un problema real. A los veinticinco años, nunca había tenido una computadora. ¡Cómo han cambiado los tiempos!

Después de nueve años en un ministerio sin fines de lucro, el cual ha crecido a un ritmo astronómico, he aprendido muchísimo acerca del liderazgo en ambos extremos del espectro. El crecimiento en todos los niveles requiere un cambio. Los líderes cambian, los seguidores cambian y las organizaciones cambian. Nuestro ministerio ha experimentado más cambios en los últimos nueve años de lo que hubiera imaginado. Adaptarme mientras comenzaba a trabajar bajo la supervisión de un grupo de ancianos tuvo sus dolores. Me había acostumbrado a ser el número dos al mando en mi trabajo anterior, ya que nadie más estaba directamente involucrado en nuestro ministerio.

En mi carrera laboral, he tenido la oportunidad de estar en posiciones únicas de liderazgo, y el estrés ha sido evidente en cada paso del camino. Tuve el estrés de administrar una gran base de datos de clientes. Me gritaron, me insultaron y vi cómo la gente sufría mientras gastaban innumerables cantidades de dólares en lujos que otros no podrían llegar a disfrutar. Nuestro ministerio sin fines de lucro, Spanish Missions (Misiones en Español), comenzó con aproximadamente tres mil estudiantes en 2008 y ahora tiene más de treinta mil. En 2008, hubo 2.8 millones de descargas, y en 2017, hubo más de 30 millones. Hemos crecido.

Cada año, nos sentamos y hacemos una lista de metas y expectativas para nuestro ministerio. Hacemos esto en nuestra familia y también te recomendamos hacerlo. El establecimiento de objetivos es un componente clave del crecimiento, pero no es suficiente. Debemos diseñar un plan para alcanzar nuestros objetivos. Me encanta revisar listas pasadas de metas y ver cuánto crecimiento tangible hemos experimentado como ministerio y como individuos.

He mencionado que nuestro ministerio opera bajo la supervisión de los ancianos de la iglesia. Si bien siempre he sabido que son hombres de sabiduría y experiencia, no siempre he estado de acuerdo con sus decisiones. Eso no significa que ellos estaban equivocados; significa que no estábamos de acuerdo. Los desacuerdos suelen ir acompañados de estrés y ansiedad. Dos años después de mi carrera en el ministerio, pensé que era necesario mudarme a Colorado por ocho semanas para estudiar en una escuela de predicación. Tenía un plan Estudiaría de día y trabajaría de noche. Este ministerio me permite trabajar en ubicaciones remotas cuando sea necesario. Como mis padres vivían cerca de la escuela, no tendría que pagar por un lugar donde quedarme. Todo lo que quedaba por hacer era preguntar a los ancianos qué pensaban.

¿Alguna vez pisaste un insecto intencionalmente y lo aplastaste como si fuera una creación miserable y molesta? Después de preguntar a los ancianos qué pensaban acerca de mis planes, me sentí como ese insecto y los vi como si fueran la bota que aplastó el insecto. Hubo un poco de estrés al preguntar debido a que la respuesta era incierta. La claridad de su respuesta trajo ansiedad y frustración. ¿Cómo lidias con aquellas personas quienes consideras que toman decisiones irracionales y que no respaldan tus planes? Como líder, ¿cómo lidias con las solicitudes irracionales que hacen tus seguidores? Es difícil. Yo era un hombre adulto, al menos en mi propia opinión. No tenía idea de que no celebrarían conmigo la posibilidad de aumentar mi conocimiento e irnos de la ciudad durante dos meses. Me rompieron el corazón.

No pasó mucho tiempo antes de que me diera cuenta de la sabiduría en su decisión. Nunca tuve intenciones de mudarme a Denver y dejar el ministerio, pero tal vez ese era uno de sus temores. El miedo causa ansiedad y escepticismo. Pasaron los últimos años buscando a la persona adecuada para hacer este trabajo, sin mencionar la cantidad de dinero que habían invertido en candidatos potenciales que no funcionaron. Solo puedo imaginar su escepticismo sobre mí los primeros años que trabajamos juntos. Nunca les di ninguna razón para dudar de mi compromiso, pero ahora entiendo la importancia de esos primeros años. Llegará el día en que buscaré a alguien que me ayude en este ministerio y ya me estoy preparando para el proceso.

No solo he estado en la parte inferior del liderazgo y en el medio, trabajando bajo la supervisión de hombres grandiosos, actualmente sirvo como ministro en español para una congregación local. Si bien aprecio toda la ayuda ofrecida dentro de este ministerio, soy la única persona bilingüe en una posición de liderazgo. Todas las preguntas me las hacen a mí. Me llaman cada vez que alguien necesita una visita. Yo imparto todas las enseñanzas. Dios ha sido más que amable al proveer un par de ayudantes. Afortunadamente, uno de ellos dirige las alabanzas todos los domingos. Si yo dirigiera los cantos todas las semanas, la asistencia probablemente disminuiría. ¿Cómo ministras diariamente en la vida de veinte a treinta personas mientras trabajas a tiempo completo en un ministerio con más de treinta mil estudiantes, bajo la supervisión de otro grupo de hombres, y mantienes el equilibrio dentro del hogar como líder y proveedor? T.R.I.A.L.S.

ESTRÉS Y ANSIEDAD

Cada organización, corporación, empresa y ministerio tiene un componente de liderazgo. La mayoría tiene niveles de liderazgo que hacen que casi todos sean responsables de trabajar con o para alguien. Si hay dos o doscientos empleados, el estrés es inevitable. Todos nos presionamos a nosotros mismos y a los demás para asegurarnos de que las tareas se realicen de manera adecuada y eficiente. Las opiniones, personalidades y experiencias varían, lo que hace que parezca imposible completar algunos de los proyectos más pequeños. Los plazos no se cumplen, el estrés aumenta, la mayoría del equipo de trabajo ahora está lidiando con la ansiedad, y el jefe está al acecho a la vuelta de la esquina con vapor saliendo de sus oídos porque la compañía no funciona a un nivel óptimo. ¿Suena familiar?

El estrés no siempre es evitable. Cuando hay más de una persona involucrada, el estrés está presente independientemente del proyecto. Puede que no se mencione, pero está. Sin embargo, la ansiedad sigue siendo opcional. La forma en que reaccionas al estrés determina cuánta paz disfrutas. A menudo, determina cómo duermes por la noche. Mantener una perspectiva útil y positiva durante circunstancias estresantes no siempre es fácil, pero es gratificante. Al igual que todas las áreas de la vida que analizamos, debemos considerar los pensamientos y opiniones de los demás a medida que nos esforzamos por evitar la ansiedad dentro del liderazgo.

En todos los aspectos del liderazgo, se necesita ayuda. Se necesita confianza. Esto requiere humildad y servicio. Pedir ayuda es uno de los aspectos más difíciles del liderazgo, pero uno de los más necesarios. Cuando pedimos ayuda a otros, debemos estar dispuestos a servirles. Tener el corazón para servir en todas las circunstancias es muy importante. Si algunas personas no están dispuestas a servir dentro de nuestro contexto, el liderazgo será difícil. Nuestro servicio eleva el desempeño de los demás. Sirve.

Jesús era el Hijo de Dios en la carne, y pidió la ayuda de doce hombres para enviar un mensaje al mundo entero. Realizó milagros que el mundo nunca había visto y nunca volverá a ver. Fue el líder más grande que el mundo haya visto y continúa influyendo en más vidas que cualquier persona en la historia. En Juan

13, leemos acerca de Jesús lavando los pies de estos hombres y dándoles consejos sobre cómo liderar. Debemos comunicarnos, amar, servir y amar. Si uno de estos suena repetitivo, lee Juan 13. Jesús lo dice una y otra vez. Ama a las personas, especialmente los unos a los otros.

Incluso con el mejor servicio en todas las capacidades, el estrés aún puede estar presente. El método T.R.I.A.L.S. es un estilo de vida que reduce el estrés y elimina la ansiedad en cada situación. El estrés no tratado se convertirá en ansiedad. El liderazgo se parece mucho al matrimonio. Las tres claves para un liderazgo exitoso son la comunicación, la comunicación y la comunicación. El primer paso es la transparencia. Los mejores líderes siempre son excelentes comunicadores. Siempre.

Antes de analizar el proceso para eliminar la ansiedad en el liderazgo, es vital que cada líder conozca su propósito. ¿Por qué eres un líder? ¿Cuál es tu meta en todo lo que haces? Cuando un líder entiende por qué él / ella está en esta posición, el siguiente paso es comunicarse con los demás. Cada enfrentamiento, desacuerdo, pobre desempeño, conflicto de personalidad y problema que surja debe manejarse observando cómo se relaciona con

> *El liderazgo orientado en el servicio es la mejor forma de influenciar a los demás, pero la decisión de cambiar sigue siendo de ellos.*

la visión o el "por qué" de la organización. Esto aplica al hogar, al mundo y a la iglesia. Independientemente de tu posición, estás liderando a alguien. Puede ser un cónyuge, hijos, empleado, miembro de la iglesia, o incluso un completo extraño que observa tu ejemplo. Tienes influencia.

Comprender la influencia es un componente clave para el liderazgo. No podemos cambiar a las personas. Podemos hacer todo lo posible para que las personas hagan lo que queremos, pero no podemos cambiarlos. Nuestro ejemplo y nuestras palabras son herramientas que influyen en los demás. El liderazgo orientado al servicio es la mejor forma de influenciar a los demás, pero la decisión de cambiar sigue siendo de ellos. Cuando no estamos de acuerdo con los demás, encontrar formas de incorporar más de una opinión contribuirá en gran medida a resolver el estrés y evitar la ansiedad.

En su libro, *Start with Why*, Simon Sinek aborda un componente principal del éxito. El libro ilustra cómo Apple ha tenido tanto éxito en su industria. Han convencido a las personas de que no quieren productos de Apple, sino que los necesitan. No pueden sobrevivir sin ellos. Cuando la visión es clara, cuando la comunicación es transparente, cuando el propósito es evidente, cuando la ambición es desinteresada, el resultado es el éxito. Conoce tu por qué y asegúrate de que aquellos para quienes trabajas, tus compañeros y tus empleados, conozcan el "por qué". Utiliza estos principios para que te guíen como líder, y la ansiedad desaparecerá de tu vida. Puede que no suceda mañana, pero sucederá.

Transparencia: Los buenos líderes enseñan a otros la necesidad de transparencia. Los grandes líderes siguen sus propios consejos. Si vivimos una vida de transparencia, ¿por qué estaríamos ansiosos si otros hablan mal de nosotros? ¿Podrían presentar una acusación contra nosotros que desconocemos o que nos toma desprevenidos? En el mundo, el hogar y la iglesia, los líderes deben ser transparentes y deben cumplir. Las mejores intenciones no significan nada cuando el resultado no es el prometido. La transparencia reemplaza los errores cuando somos honestos. Nadie es perfecto.

Cuando te encuentras en una situación difícil o estresante, haz una pausa y pregúntate si hay alguna información que puedas compartir con otros para encontrar la paz. Mantener la calma mientras nos comunicamos hará que no aumentemos nuestros niveles de estrés. Cuando otros se calientan y emocionan, un espíritu tranquilo puede disminuir una bomba de tiempo. La tranquilidad junto con la transparencia es una combinación para el éxito cuando el estrés se acerca a la ansiedad.

Responsabilidad: Cuando escucho la palabra "liderazgo", pienso en la responsabilidad. Tomamos muchas decisiones que nos llevan a nuestra realidad actual. Algunas buenas decisiones han ayudado a promover nuestra carrera. Pueden existir malas decisiones que nos dejan consecuencias las cuales debemos enfrentar durante mucho tiempo. De todos modos, somos responsables de cómo llegamos a donde estamos en este momento y lugar. Debemos entender que nuestro futuro está determinado por cuán responsables somos en el momento. Si queremos evitar la ansiedad, es necesaria una evaluación saludable antes de cada decisión importante dentro de nuestro rol de liderazgo.

¿Has tomado decisiones de las que no estás orgulloso, pero que sí te ayudaron en tu carrera? ¿Son decisiones que otros conocen? ¿Necesitan otras personas saber acerca de estas decisiones? Algunos errores se basan en la necesidad de saber y eso está bien. Sin embargo, la acción responsable es aquella que nos ayuda a evitar el drama y la ansiedad en el futuro. Si es necesario admitir las fallas, soluciónalas lo antes posible. Algunas decisiones responsables pueden costarte un trabajo o un puesto de liderazgo. La transparencia y la responsabilidad plantarán las bases para creer que la vulnerabilidad es mejor que la ansiedad. Ambas son elecciones que tenemos el poder de tomar.

Intencionalidad: Como líder, cada decisión cuenta. No escaparemos de la ansiedad por accidente. Elegimos evitarlo. Cuando otros saben que nuestras acciones son intencionales, se crea una atmósfera de preparación para cada ocasión. Cuando se enfrenta a la elección de a quién servir, Josué dice: *"Pero yo y mi casa serviremos a Jehová"* (Josué 24:15). Cada acción y reacción son elecciones que hacemos. La preparación adecuada nos lleva a tomar las mejores decisiones.

¿Lideras con intencionalidad? ¿Te encuentras en un rol de liderazgo pero tienes dudas acerca de tu dirección? Detente. Piensa. Lee un libro. Lee este libro. Consulta a aquellos en quienes confías como líderes que han estado en tu lugar. Analiza personas, circunstancias y el potencial. Cuando la elección correcta sea evidente, actúa. Ten confianza e intencionalidad.

Aprecio: El papel de la gratitud no puede ser suficientemente enfatizado para los líderes. Nadie llega a la cima sin ayuda. Aprende a mostrar gratitud a los que menos te han ayudado y especialmente a los más importantes. Debemos desarrollar una actitud de gratitud en todos los niveles de liderazgo. Ya sea que agradezcamos a quienes están por encima de nosotros o a quienes nos siguen, expresar aprecio es un constructor de relaciones. A lo largo de las Escrituras, leemos el mandamiento de dar gracias en todo. Sobre todo, debemos agradecer a Dios por la oportunidad de servir como líderes en cualquier comunidad en la que nos encontremos. El liderazgo es una responsabilidad y un honor. Sé agradecido.

¿Conoces grandes líderes que no son agradecidos? Yo no. Si quieres ser un gran líder, esta es una cualidad que debes poseer. Si no estás acostumbrado a decir "gracias", comienza ahora. El aspecto más importante de la gratitud es entender cómo mostrar gratitud a quienes merecen nuestro agradecimiento. Si lees los otros capítulos de este libro, estás familiarizado con el libro *Los Cinco Lenguajes del Amor* de Gary Chapman. Deberíamos conocer bien a quienes nos rodean como para estar familiarizados con la forma en que quieren que se les agradezca. Trabajé en un negocio durante varios años y mi jefe pensó que darme un sueldo era suficiente gratitud. Después de ocho años de conocerlo y ayudar a crear una compañía exitosa, recibí una tarjeta de regalo para Golfsmith un año para mi bono de Navidad. No quiero parecer desagradecido, pero preferiría tener una tarjeta de agradecimiento escrita a mano y sincera. Conoce a tu gente. Expresa gratitud.

Límites: ¿Alguna vez te has preguntado por qué tenemos límites de velocidad? No son por el bien de la carretera sino por nuestro bien. Conocer los límites de velocidad es para nuestro beneficio. En el liderazgo, debemos conocer nuestros límites en muchas áreas. El área principal que debemos conocer nuestros límites es el tiempo. Podemos incluir mucho en nuestro horario. Si bien las aerolíneas consideran que la sobreventa es una situación positiva, no lo es para los líderes. La gente se molesta y no tenemos un cupón de comida para repartir cuando no cumplimos o fallamos en las promesas de nuestro tiempo. La gestión del tiempo es vital para evitar la ansiedad en el liderazgo.

¿Alguna vez has deseado tener más tiempo? ¿Tener más tiempo realmente te ayudaría a eliminar la ansiedad o acumularía más en tu horario debido al desbordamiento? Debes evaluar tus prioridades y ser firme. Si tienes un trabajo principal que paga tus facturas, esta debe ser tu prioridad, a menos que no necesites el trabajo. El trabajo voluntario es excelente, pero no si te mantiene alejado de los compromisos que haces con tu trabajo o tu familia. Servir a tu comunidad es excelente. Servir a tu familia es mejor. Como líder, debes evaluarte. Debes evaluar tu tiempo y horario.

Conocer nuestros límites nos permite rechazar oportunidades, incluso si prefiriéramos aceptarlas. Profesionalmente, me encanta hablar en público. Amo enseñar y predicar tanto como cualquier otro aspecto de mi trabajo en el ministerio. Me piden que hable sobre una variedad de temas en lugares de todo Estados Unidos, Centroamérica y Sudamérica. Hay momentos en que dos grupos me piden que hable el mismo día. ¿A cuál rechazo? Hay otros momentos en que el tiempo de familia se interrumpirá si acepto una invitación para dar un discurso. Intento rechazar tantos como sea posible. Conoce tus prioridades. Deja que tus prioridades sepan que son prioridades.

Simplificar: Hay una razón por la que simplificar es el paso final en este proceso de eliminar la ansiedad. Antes de que el volcán haga erupción, debemos actuar. Cuando la agitación comienza a aparecer porque estamos fuera de tiempo y tenemos demasiadas tareas que completar, debemos detenernos y decidir cómo podemos excusarnos de algunas de estas actividades. Esto no tiene que ofender o molestar a los demás. De hecho, debería ser todo lo contrario. El aspecto más difícil de simplificar es la ayuda que requiere.

Durante años, pensé que no tenía límites. Podía hacerlo todo. Cuanto más viejo me hago, más me doy cuenta de lo tonto que era por pensar eso. Por mucho que me encanta enseñar y predicar, vivo alrededor del umbral de mis límites. Si alguien me preguntara en este momento si podría enseñar un estudio bíblico durante la semana, debo declinar. Cada vez que digo "sí" a una oportunidad, digo "no" a otra. Debido a que mi familia es la que usualmente se ve afectada en estas ocasiones, he decidido no superar mis límites. Simplificar es mucho más fácil. Cuando rechazo las oportunidades, hago todo lo posible para encontrar un reemplazo en el que confío.

Simplificar también es mucho más fácil cuando eres parte de un equipo bien conectado. ¿Trabajas con personas de tu confianza? ¿Trabajas con personas con las que puedes contar en que te ayudarán cuando estás ausente? Es vital rodearte de otras personas que conozcan la visión de tu organización y estén dispuestas a participar siempre que sea necesario.

Motivación: Escribe la situación más difícil en la que has estado involucrado en el pasado o actualmente. Ve por cada área del método T.R.I.A.L.S. y encuentra el paso que falta o que necesita corregirse para ver cómo puedes eliminar la ansiedad.

Consejo: Consigue ayuda. Los mejores líderes necesitan ayuda. Piensa en una persona que sea capaz pero que no haya tenido la oportunidad. Sabes quién es esa persona antes de que termines de leer esto. Dales una oportunidad. Permite que eliminen algo de tu estrés y mira cómo el trabajo en equipo elimina la ansiedad potencial

Oración: Señor, gracias por permitirme ser un líder. Ayúdame a darme cuenta de que un seguidor de Jesús es un líder. Tengo muchas responsabilidades. Ayúdame a darme cuenta de que lo más importante es guiar a otros hacia ti. Cuando surja el estrés, ayúdame a ser transparente conmigo mismo y con los demás. Lo ves todo. No tengo secretos. Perdóname cuando el orgullo me impide pedir ayuda y dame la fuerza y la humildad para incorporar a otros en mi vida cuando necesito ayuda. Amén.

PREGUNTAS A CONSIDERAR:

Transparencia:

¿Cuáles áreas de tu propio liderazgo deben ser transparentes con los demás en este momento?

¿Cuáles son las 2 bendiciones que vendrán como resultado de tu transparencia?

¿Cuáles son los 2 problemas que pueden surgir como resultado de tu transparencia? ¿Estás dispuesto a ser transparente de todos modos?

Responsabilidad:

Tu transparencia hará que seas responsable de los secretos que se descubran. ¿Cuál es tu plan para enfrentar esta responsabilidad?

¿Cuál decisión responsable estás en el proceso de tomar o necesitas comenzar a prepararte para tomar y que te ayudará en el futuro?

Intencionalidad:

¿Cómo lideras con intencionalidad?

¿De qué maneras te preparas para cada decisión que tomas?

Aprecio:

¿Quiénes son los que te apoyan más en tu rol actual como líder? ¿Cómo les has agradecido últimamente?

¿Cuándo fue la última vez que hiciste un sacrificio para mostrar gratitud a los seguidores que se han sacrificado por ti?

Piensa en 1 forma de mostrar tu gratitud a alguien de manera que los sorprendas extraordinariamente.

Límites:

El límite más grande que tenemos como líderes es el tiempo. ¿De qué maneras ha sido perjudicial para usted como líder el empujar sus límites de tiempo últimamente?

¿Estás desarrollando una estrategia para administrar mejor tu tiempo, para no sobrepasar tus límites y comprometerte demasiado con los compromisos? ¿Cuál es tu plan?

Simplificar:

Delegar es un proceso. ¿Cuáles procesos implementarías para lograr más productividad cuando se superan tus límites?

Como líder, ¿tienes una mentalidad de equipo? ¿Cómo utilizas tu equipo de forma regular para simplificar tus tareas diarias?

Cuando vivimos alrededor del umbral de nuestros límites, nos encontraremos estresados y con menos capacidad para realizar algunas de las tareas más importantes. Espero que todos podamos vivir nuestro propósito como líderes mientras permitimos que otros nos ayuden en el proceso. Un gran liderazgo brinda oportunidades para que otros se conviertan en grandes líderes. Hagamos nuestra ambición llenar el mundo con grandes líderes y nunca permitir que nuestro ego desvíe a otra persona de lograr algo más grande que nosotros.

CAPÍTULO 12

UNIENDO TODAS LAS PARTES

Cuando era niño, recuerdo que a las personas mayores les encantaba hablar acerca del clima. Siempre me reía cuando los escuchaba porque no me importaba el clima. Unos años más tarde, cuando tenía veintitantos años, construimos nuestra primera casa. No pasó una hora en la que no estaba revisando el clima. Me preocupaba lo que sucedería si me atrasaba mientras las personas estaban trabajando. Aunque hubiera la mínima posibilidad de lluvia, esto se convertía en un verdadero obstáculo mental. Después de construir seis casas, me di cuenta de que todo era innecesario porque no puedo controlar el clima. Debo estar dispuesto a aceptar los resultados y las consecuencias de aquellos elementos de mi vida que no puedo controlar. Si respiro profundo y expando el panorama, todo saldrá bien.

Sin embargo, había muchas cosas que sí podía controlar. Por ejemplo, si yo necesitaba que el fontanero viniera en dos semanas, probablemente yo debía llamarlo y decirle que lo esperaría en dos semanas. Si yo espero hasta el día en que lo necesito y luego le llamo para avisarle que estoy listo, eso posiblemente no funcionaría.

La clave para superar la ansiedad es estar preparado. . . para todo.

Estaba bajo mi control llamarlo con anticipación y estar preparado. Si no me preparo adecuadamente, debo estar dispuesto a aceptar las consecuencias de mis propias acciones. Sin duda, cuando no planificamos con anticipación terminamos con una presión innecesaria sobre nosotros mismos. Esto es lo que quiero decir

181

cuando digo que, a veces, elegimos poner estrés y ansiedad en nuestras vidas.

La clave para superar la ansiedad es estar preparado... para todo. Esto puede sonar como una tarea imposible, pero ¿te imaginas despertarte cada mañana sin preocuparte por nada de lo que te pueda ocurrir? La buena noticia es que esto sí es posible. De hecho, yo experimento esto todos los días. Todo lo que tenemos que hacer es elegir no permitir que nuestra mente, nuestra actitud y nuestra felicidad sean determinadas por factores ajenos a nuestro control. Suena bastante fácil, ¿verdad?

En la introducción de este libro, mencioné la importancia de mi fe. De hecho, es lo más importante en mi vida. Hace varios años, me pidieron que impartiera un curso en Guatemala acerca de un hombre llamado Job que vivió hace muchos años. Era la persona más millonaria de su tiempo en todos los aspectos. La Biblia habla bien de él. Tenía una esposa y diez hijos. Tenía más posesiones materiales que todos. En un solo día, perdió todo menos su esposa. Se puso tan enfermo que tuvo que raspar las infecciones de su piel debido al intenso dolor. La vida pasó de ser perfecta a convertirse en una completa miseria.

Este era un hombre religioso, el cual quedó con su esposa, pero tenían diferentes perspectivas. Si miras sus vidas individuales, la pregunta que responderían de manera diferente es la siguiente: si perdieras todo, ¿tu fe sería suficiente para mantenerte fiel? Para Job, la respuesta era obvia. Nunca flaqueó en su fidelidad. Su respuesta después de perder todo fue: "el Señor dio, y el Señor quitó; sea el nombre del Señor bendito". La respuesta de su esposa fue: "Maldice a Dios, y muérete". ¿Cómo responderíamos nosotros?

Ser normal es un obstáculo o una prueba común para todos nosotros.

Toma un momento para evaluar el estrés. Antes de agregar cualquier otra cosa a nuestra vida, debemos considerar si la posible ansiedad que causaría perder un artículo determinado es más costosa que el valor actual de no tenerlo. Por ejemplo, si quiero comprar un automóvil de $80,000 y puedo pagarlo, ¡excelente!

Si perdiera ese automóvil y eso causara tal grado de ansiedad que no la podría superar, ¿valdría la pena tener ese automóvil? Si me paso cada minuto de cada día pensando en este automóvil y en lo molesto que estaré si alguien le hace un rasguño o un golpe, ¿valdría la pena tenerlo? No estoy sugiriendo que no debamos tener cuidado o que no debamos preocuparnos por nuestras posesiones. Estoy sugiriendo que deberíamos tener una comprensión saludable de nuestras propias emociones y actitudes hacia nuestras posesiones para que, en caso de perder algo que sea temporal, esto no provoque obstáculos en nuestra vida.

**Como mencioné en el capítulo acerca de la vida, ser normal es un obstáculo o una prueba común para todos nosotros. El estándar por el cual juzgamos lo normal es a menudo lo que vemos en las redes sociales. Si no usas las redes sociales, te aplaudo. Si usas las redes sociales, quiero advertirte e informarte sobre algunas investigaciones que hablan del rumbo de las futuras generaciones. El propósito nunca es condenar, sino instruir y preparar a otros para el futuro y los peligros de las redes sociales y el impacto que tiene sobre la ansiedad.

Cada generación da la bienvenida a las nuevas tecnologías. Desde la explosión de natalidad (también conocido como los baby boomers) y sus discos de vinil, hasta la generación Z con sus teléfonos inteligentes y aplicaciones para todo, la última tecnología está en la lista que todos desean. Con cada nueva generación, la tecnología se ha convertido más generalizada, más privada y más poderosa. Ten en cuenta que los secretos y la privacidad son las principales causas de ansiedad. La investigación muestra la creciente influencia y el deseo de los jóvenes de mantener una pantalla frente a sus caras. La investigación sugiere que las personas usan un dispositivo portátil un promedio de ochenta veces por día.

Es triste y a la vez sorprendente cómo algunas palabras publicadas en un estado de las redes sociales pueden cambiar la forma en que nos sentimos acerca de los demás y de nosotros mismos. Permitimos que los pensamientos y las palabras de los demás influyan en la forma en que nos sentimos acerca de nosotros mismos, nuestras actividades y la forma en que nos vestimos. La forma en que nos sentimos acerca de nuestras circunstancias financieras y los miembros de nuestra familia también está influenciada por las redes sociales.

Los estadounidenses ven en promedio más de 28 horas de televisión cada semana (Richter). Esta gran exposición a los medios de comunicación de cualquier tipo cambia la forma en que escuchamos y vemos cosas fuera de la pantalla, como sermones, conferencias, figuras de liderazgo, etc. La mayoría de los programas televisivos duran treinta minutos. El lapso de atención promedio era de veintitrés minutos, pero ahora es aún más corto. ¿Te imaginas por qué es difícil sentarse a escuchar un sermón de treinta minutos que alguien predica mientras está de pie en el mismo lugar?

La empresa de soluciones empresariales, LivePerson, acaba de publicar los resultados de una encuesta después de hablar con 4000 jóvenes con edades entre dieciocho y treinta y cuatro años en todo el mundo para averiguar cuánto de sus vidas se viven digitalmente. La gran mayoría de los Millennials y la Generación Z dijeron que preferirían hablar con alguien en línea que en persona. En los Estados Unidos, casi el 74% de los encuestados preferiría enviar un mensaje de texto en lugar de tener una conversación en persona. La mayoría de ellos (62%) prefieren dejar su billetera en casa que su teléfono cuando salen. Y un 70% duerme con su teléfono al lado (Franzese).

¿Cómo te sientes ahora? ¿Te identificas? Le pregunté a una gran cantidad de personas qué harían si fueran a algún lugar que esté a una hora de distancia de sus casas, pero veinte minutos después de estar conduciendo, se dan cuenta de que habían dejado su teléfono celular en casa. Casi todas las personas dijeron que se devolverían a sus casas. ¿Que harías tú? ¿Te relajarías durante la corta desconexión del mundo tecnológico en el que vivimos o regresarías para conectarte de nuevo al dispositivo sin el cual no podrías vivir ni durante una hora?

El Centro de Investigación Pew, en su artículo "Hechos de la red Social", afirma que "siete de cada diez estadounidenses usan las redes sociales para conectarse entre sí, informarse con las noticias, compartir información y entretenerse".

Cuando comenzaron a rastrear la adopción de las redes sociales en 2005, solo el cinco por ciento de los adultos estadounidenses usaban al menos una de estas plataformas. Para 2011, esa proporción había aumentado a la mitad de todos los estadounidenses, y hoy el 69% de las personas usa algún tipo de redes sociales."

Estas estadísticas deberían alarmarnos a todos o al menos hacernos conscientes de dónde y cómo las personas se comunican. Si bien hay muchas cosas positivas para las redes sociales, como poder comunicarse en la distancia, hacer negocios, disfrutar de una risa; también hay una gran cantidad de cosas negativas. Quizás los mayores aspectos negativos son el *bullying* (la intimidación) y la promoción de la pornografía.

En una encuesta realizada por el Grupo de Investigación Barna, se hicieron preguntas a cinco grupos de edades diferentes con respecto a la frecuencia con la que se encontraban con el porno versus con qué frecuencia lo buscaban. Los resultados son asombrosos:

1) Adolescentes de 12 a 17 años: el 8% lo busca a diario, el 18% a la semana y el 11% una o dos veces al mes. En total, el 37% de los adolescentes.

2) Adultos jóvenes de 18 a 24 años: el 12% lo busca a diario, el 26% a la semana y el 19% una o dos veces al mes. En total, el 57% busca activamente pornografía.

3) Milenarios mayores, entre 25 y 30 años: 8% diario, 17% semanal, 18% una o dos veces al mes. Eso es 42% en total.

4) Los de la Generación X, entre 31 y 50 años: 7% diario, 16% semanal, 18% una o dos veces al mes. El total es del 41%.

5) Los *Boomers*, entre 51 y 69 años: 2% diario, 7% semanal, 14% una o dos veces al mes. El total es 23% ("Porn in the Digital Age: New Research Reveals 10 Trends").

El mayor problema es que la mitad de los adultos de veinticinco años y mayores no creen que sea incorrecto ver pornografía. El 45% cree que es incorrecto leer al respecto y solo el 37% cree que es moralmente incorrecto ver material sexualmente explícito en la televisión. Los números son aún peores entre los que tienen entre dieciocho y veinticuatro años. Entre siete y ocho de cada diez en este grupo de edad no creen que haya nada malo en ver pornografía. Líderes, es hora de ponerse de pie y poner mayor influencia en la vida de nuestros jóvenes. No podemos guardar silencio acerca de este tema. No podemos aceptar esto como la "norma" cultural. Libera tu vocabulario de la visión del mundo de lo normal y sé proactivo en la creación de alternativas positivas para tu audiencia.

El *bullying*, o la intimidación, también es una tendencia creciente de negatividad en la vida de las personas que usan las redes sociales. Según una encuesta de enero de 2017, el 41% de los estadounidenses dijeron que habían experimentado algún tipo de acoso en línea. Entre las edades de dieciocho a veintinueve, la proporción fue del 67% (Duggan). Para poner esto en perspectiva, si tú y cuatro de tus amigos están tomados de la mano, estadísticamente hablando, al menos una de las manos que estás sosteniendo ha sido acosada en las redes sociales.

La creciente tendencia a discutir en las redes sociales ha llevado a muchos casos de acoso. Hay muchas razones por las cuales las personas admiten participar en este tipo de comportamiento.

- El 26% dice que a un extraño no le gustó lo que yo publiqué.
- b) El 22% dice que a alguien que conozco no le gustó lo que yo publiqué.
- c) El 19% dice que estuvo defendiendo a alguien más en una discusión.
- d) El 17% dice que no me gustó lo que alguien que conozco publicó.
- e) El 17% dice que no me gustó lo que un extraño publicó (Duggan).

Entiendo que todos quieren ser escuchados y las redes sociales son una gran plataforma, quizás la más grande del mundo. Ten precaución cuando hagas publicaciones en las redes sociales. Si te encuentras publicando comentarios negativos y de odio en línea, debes reflexionar un poco. Antes de publicar tu punto de vista político, social, espiritual, físico o de otro tipo, pregúntate: "¿Ha cambiado mi opinión al leer la opinión de alguien más en las redes sociales?" La mía tampoco. Piensa antes de publicar. Publica positivismo. Elimina comentarios inapropiados. Haz un ayuno en las redes sociales y observa lo liberador que es no preocuparse por los pensamientos y la negatividad que se publican con demasiada frecuencia.

Soy un gran defensor de las redes sociales cuando se utilizan correctamente. Nuestro ministerio anuncia cursos y lleva a miles de conversaciones positivas cada mes. Algunos aún optan por hacer comentarios negativos, y los elimino. Solían molestarme. Ahora, intento comunicar positividad a las personas negativas por medio de un mensaje privado después de eliminar su comentario público. Algunos han recibido mi positividad y esto los ha llevado a estudiar la Biblia. Otros todavía intentan emplear negatividad y me dan la oportunidad de ignorarlos. Si esto te parece demasiado trabajo y te sientes ansioso, evita las redes sociales. No es un mal necesario si tomamos las decisiones correctas en nuestro enfoque de las redes sociales.

Quiero terminar dando algunas sugerencias prácticas que han beneficiado mi vida de una manera excelente. La mayoría de estas han venido al utilizar el método T.R.I.A.L.S. incluso antes de que supiera que existía.

1.   1.   Había sido fanático de los deportes durante más de 25 años. Practiqué deportes en la secundaria y la universidad. Me rodeé de gente que disfrutaba jugando y viendo deportes hasta el punto de que algunos de nosotros podíamos conversar con un televisor. Eso suena completamente racional, ¿correcto? Aprendí que ver un partido de fútbol no afectaba el resultado, ni siquiera en lo más mínimo. Si disfruto viendo el programa deportivo solo por el hecho de verlo, fantástico. Si mi equipo favorito pierde y me pone de mal humor y me causa estrés, necesito aprender a dejar de ver o tener una actitud diferente acerca del juego. Este es un ejemplo de una opción fácil para evitar el estrés.

2.   Cuando era pequeño, mi madre tenía un libro titulado, *No Te Preocupes Por Las Cosas Pequeñas y Todo Es Cosas Pequeñas*. Nunca leí el libro, pero el título siempre me quedó grabado. La perspectiva adecuada siempre ha beneficiado a la persona que la tiene. He tenido la suerte de viajar y enseñar en algunos de los países más pobres del mundo. Conocí a personas que literalmente tendrían dolor si se perdieran una comida porque las comidas que tenían eran increíblemente pequeñas. En ocasiones, he ayunado durante 24 a 48 horas. Las personas que no comen porque no tienen comida tienen una perspectiva completamente diferente de la comida que las personas que rechazan las comidas porque pueden o quieren perder algunas libras o quieren desintoxicarse o _____. Cuando miro a los mayores estresores de mi vida, trato de hacer una pausa para considerar cuán bendecido y afortunado soy de tener formas de positivismo en mi vida. Cuando enfoco mi atención en lo positivo, todo lo demás parece bastante pequeño.

3.   Cuando estaba en la universidad, me hice de algunos de los mejores amigos. Mientras que algunos amigos pueden causarnos estrés, otros pueden ayudarnos a eliminar el estrés. Recuerdo una ocasión en que pasamos el fin de semana en la casa de un compañero de cuarto de la universidad. Su papá nos dio algunas palabras de aliento. Relacionó las circunstancias con un colchón. Nadie duerme debajo de un colchón, no es cómodo ni está destinado a dormir debajo. Los colchones pueden ser pesados. A todos se nos dan diferentes oportunidades. Las oportunidades o las circunstancias en nuestra vida son como este colchón. Podemos elegir mentir debajo de ellos y sentir pena por nosotros mismos porque no nos gustan nuestras circunstancias. O podemos elegir elevarnos por encima de ellos. Podemos optar por ver las circunstancias que no son ideales y elegir aprovecharlas al máximo. Esto se remonta a nuestra definición de

riqueza en el capítulo acerca de las finanzas. No es la cantidad de dinero que ganas o tienes lo que te hace rico, es cómo lo usas.

4. La confianza, la competencia, la comunicación y la satisfacción son excelentes herramientas para ayudarnos con el estrés. He tratado de desarrollar cada una de estas cualidades en mi diario vivir. Se necesita esfuerzo. La confianza se ve de muchas maneras, especialmente en cómo nos portamos y cómo miramos a otras personas. Ser competente tiene que ver con la capacidad de realizar las tareas que elegimos. Si tienes un trabajo importante por delante, asegúrate de tener las herramientas y habilidades necesarias antes de comenzar. La preparación es clave para ser competente. La comunicación ha sido mencionada en cada capítulo de este libro. La falta de comunicación nos mete en más problemas y causa más estrés que cualquier otro aspecto de nuestra vida. La clave para superar la mala comunicación es una buena comunicación. Habla bien, escucha mejor. Te dará resultados. Finalmente, la paz o la satisfacción en la vida es lo opuesto a la ansiedad. La ansiedad es lo que proviene de la sobrecarga de presión. La satisfacción llega cuando nos elevamos por encima de esta presión y disfrutamos de las circunstancias actuales de nuestra vida. Es difícil, a veces imposible, disfrutar de la vida cuando nunca estamos contentos con lo que tenemos y con el lugar donde nos encontramos en la vida. Las personas que tienen estas cualidades eligen tenerlas. Las personas que no las tienen eligen no tenerlas.

5. Tómate un tiempo para ti y no te sientas mal por eso. Todos necesitamos recargarnos. Después de completar un proyecto o si necesitas un descanso, elije tu pasatiempo favorito y tómate el tiempo para divertirte. Me encanta pescar en el sur de Luisiana o competir en una carrera como la de Tough Mudder. Hago algo como esto dos veces al año y nunca me arrepiento. El amor propio es importante.

6.   Existen tantas razones por las cuales la ansiedad es inevitable. Hace años, leí una historia interesante sobre cómo los monos son capturados en África. La ilustración me ha funcionado, ya que la he usado en muchas lecciones. En África, las personas ponen un plátano pequeño dentro de un frasco y lo atan a un árbol u otro objeto y luego se esconden. Un mono viene, ve el plátano, mete la mano en el frasco y toma el plátano. Mientras trata de sacar su mano, se da cuenta de que no puede sacar su mano con el plátano porque su mano se vuelve demasiado grande cuando su puño se cierra alrededor del plátano. El mono comienza a jalar más fuerte y grita con frustración cuando no puede sacar el plátano del frasco. Esta conmoción da la señal a las personas que pusieron la trampa que ya capturaron al mono. A medida que se acercan a su víctima, el mono todavía tiene la oportunidad de soltar el plátano y correr. Sin embargo, este plátano tiene algo. Se ha convencido de que tirar más fuerte y gritar más fuerte sacará el plátano, pero no lo logra. Pronto, se encuentra con una bolsa sobre su cabeza y completa oscuridad. Su miedo hace que suelte el plátano, pero ya es demasiado tarde. Al igual que el mono, todos tenemos el poder de soltar. Debemos decidir si lo que queremos ya es más importante que lo que queremos más. Si la paz es lo que queremos en el presente y en el futuro, debemos dejar de lado lo que sea que nos impide tenerla ahora, incluso si es un delicioso plátano.

Podría seguir, pero el punto es el mismo. Cuando se trata de ansiedad en esta vida, ya sea matrimonio, trabajo, finanzas, hijos, salud o nuestra fe, primero debemos mirar hacia adentro. La superación de la ansiedad comienza con la comprensión de lo que es y la confianza en saber que podemos superarla. Podemos soltar el plátano. Podemos elegir a qué nos aferramos y a qué no. Si las cosas nos causan ansiedad en la vida, debemos buscar formas de simplificar y deshacernos de lo que no podemos manejar. ¡Suelta el plátano!

Si no eres alguien que depende en gran medida de una relación personal con Dios todos los días, espero que el método T.R.I.A.L.S. descrito en este libro te ayude a reducir el estrés en cada área de tu vida. También te motivo a que consideres encontrar fe en el creador de este universo. De todas las cosas que pones en tu vida, Dios es lo único que nunca cambia. Él nunca te fallará.

Independientemente de si eres una persona con un mínimo o mucho estrés en tu vida, cuando la ansiedad parece crecer, detente para hacerte estas seis preguntas y observa cómo T.R.I.A.L.S. puede ayudar a reducir tu estrés:

1.   ¿Estoy siendo transparente?

2.   ¿Estoy siendo responsable?

3.   ¿Estoy siendo intencional?

4.   ¿Estoy siendo agradecido?

5.   ¿Estoy forzando mis límites?

6.   ¿Necesito simplificar?

Mi oración y mi meta es ayudar a tantas personas como pueda para que vivan sin ansiedad. Dios me ha ayudado a hacer esto en mi vida sin cobrarme un centavo. Espero que leer este libro no te haya costado mucho más que solamente tu tiempo y espero que te haya ayudado a superar la ansiedad en tu vida. Si te ha ayudado, solicito que lo compartas con otros para que ellos también puedan beneficiarse. Que Dios te bendiga mientras te esfuerzas por vivir sin estrés ni ansiedad.

APÉNDICE

MI PLAN

Cuando se trata de ansiedad / estrés, lucho más con _____.

T.R.I.A.L.S.

Transparente – ¿Lo he sido? ¿Lo soy? ¿Lo seré? _____

Responsable – ¿Lo he sido? ¿Lo soy? ¿Lo seré? _____

Intencional – ¿Lo he sido? ¿Lo soy? ¿Lo seré? _____

Agradecido – ¿Lo he sido? ¿Lo soy? ¿Lo seré? _____

Límites – ¿Los conozco? ¿Los controlaré? _____

Simplificar – ¿Puedo? ¡¡¡SÍ!!! ¿Lo haré? _____

Hoy, estoy resuelto a ser más _____

Lo lograré haciendo lo siguiente:

_____

_____

Dios no quiere que viva con ansiedad. No tengo que vivir con ansiedad. Elijo no vivir con ansiedad.

Por nada estaré ansioso, sino haré mis peticiones delante de Dios en toda oración y ruego, para que la paz de Dios, que sobrepasa todo entendimiento, guarde mi corazón y mis pensamientos en Cristo Jesús.

BIBLIOGRAFÍA

"A.J. Reb Materi Quotes." *Goodreads*, Goodreads, www.goodreads.com/author/quotes/13609922.A_J_Reb_Materi.

Aurelius, Marcus. "The Internet Classics Archive: The Meditations by Marcus Aurelius." *The Internet Classics Archive | The Meditations by Marcus Aurelius*, classics.mit.edu/Antoninus/meditations.12.twelve.html.

"Benjamin Franklin Quotes." *BrainyQuote*, Xplore, www.brainyquote.com/quotes/benjamin_franklin_382923.

Chapman, Gary. *The Five Love Languages: How to Express Heartfelt Commitment to Your Mate*. Northfield Publishing, 1995.

"Common Sense." *Merriam-Webster.com Dictionary*, Merriam-Webster, 2011, www.merriam-webster.com/dictionary/commonsense.

"Coping with Stress at Work." *American Psychological Association*, American Psychological Association, 14 Oct. 2018, www.apa.org/topics/healthy-workplaces/work-stress.

Duggan, Maeve. "Online Harassment 2017." *Pew Research Center: Internet, Science & Tech*, Pew Research Center, 11 July 2017, www.pewresearch.org/internet/2017/07/11/online-harassment-2017/.

Dyer, Wayne W. *Your Erroneous Zones*. Avon, 1977.

"Empathy." *Merriam-Webster.com Dictionary*, Merriam-Webster, 2011, www.merriam-webster.com/dictionary/empathy.

Franzese, Allison. "Gen Z and Millennials Now More Likely to Communicate with Each Other Digitally than in Person." *Www.liveperson.com*, LivePerson, Inc., 17 Oct. 2017, pr.liveperson.com/index.php?s=43&item=504.

"Grief." *Merriam-Webster.com Dictionary*, Merriam-Webster, 2011, www.merriam-webster.com/dictionary/grief.

"Healthy." *Merriam-Webster.com Dictionary*, Merriam-Webster, 2011, www.merriam-webster.com/dictionary/healthy.

Kiyosaki, Robert T., and Sharon Lechter. *Rich Kid, Smart Kid*. Time Warner, 2001.

Lewis, C. S. *The Magician's Nephew*. HarperCollins, 2005.

Maxwell, John. "Breaking the Patterns of Worry for Your Team." *John Maxwell*, 11 June 2011, www.johnmaxwell.com/blog/breaking-the-patterns-of-worry-for-your-team/.

"Normal." *Merriam-Webster.com Dictionary*, Merriam-Webster, 2011, www.merriam-webster.com/dictionary/normal.

Olson, Samantha. "How 3 Meals a Day Became the Rule, and Why We Should Be Eating Whenever We Get Hungry Instead." *Medical Daily*, 12 Mar. 2015, www.medicaldaily.com/how-3-meals-day-became-rule-and-why-we-should-be-eating-whenever-we-get-hungry-324892.

"Porn in the Digital Age: New Research Reveals 10 Trends." *Barna Group*, 6 Apr. 2016, www.barna.com/research/porn-in-the-digital-age-new-research-reveals-10-trends/.

Richter, Felix. "Infographic: The Generation Gap in TV Consumption." *Statista Infographics*, 20 Nov. 2020, www.statista.com/chart/15224/daily-tv-consumption-by-us-adults/.

"Sad." *Merriam-Webster.com Dictionary*, Merriam-Webster, 2011, www.merriam-webster.com/dictionary/sad.

Saul, Heather. "Why Mark Zuckerberg Wears the Same Clothes to Work Everyday." *The Independent*, Independent Digital News and Media, 26 Jan. 2016, www.independent.co.uk/news/people/why-mark-zuckerberg-wears-same-clothes-work-everyday-a6834161.html.

Sinek, Simon. *Start with Why: How Great Leaders Inspire Everyone to Take Action.* Portfolio Penguin, 2011.

"Social Media Fact Sheet." *Pew Research Center*, Pew Research Center, 12 Jan. 2017, www.pewresearch.org/internet/fact-sheet/social-media/.

Stanley, Andy. *Deep and Wide: Creating Churches Unchurched People Love to Attend.* Zondervan, 2012.

"Sympathy." *Merriam-Webster.com Dictionary*, Merriam-Webster, 2011, www.merriam-webster.com/dictionary/sympathy.

Wamsley, Laurel. "Einstein's Note on Happiness, Given to Bellboy in 1922, Fetches $1.6 Million." *NPR*, NPR, 25 Oct. 2017, www.npr.org/sections/thetwo-way/2017/10/25/560004689/einsteins-note-on-happiness-given-to-bellboy-in-1922-fetches-1-6-million.

LECTURAS SUGERIDAS

- *Good and Angry: Exchanging Frustration for Character in You and Your Kids!*, Scott Turansky & Joann Miller
- *Los Cinco Lenguajes del Amor*, Gary Chapman
- *Los Cinco Lenguajes del Amor de los Niños,* Gary Chapman & Ross Campbell
- *Start with Why: How Great Leaders Inspire Everyone to Take Action,* Simon Sinek

PODCASTS Y BLOGS SUGERIDOS

- https://www.celebratecalm.com/
- blog.johnmaxwell.com/blog
- http://trialsbook.com/

RECURSOS GRATUITOS

www.cbpoc.net

En la página www.cbpoc.net, ofrecemos cursos y recursos bíblicos gratis. También, puede acceder los cursos en nuestra aplicación (gratis) en Google Play Store o sea la tienda de apps (iPhone). Cualquier pregunta que tenga, nos puede escribir a obreroscristianos@gmail.com

Casa a Casa es la publicación más grande entre las iglesias de Cristo y ha sido utilizada por miles de congregaciones para llegar a millones de hogares en todos los estados y en más de 100 países. Casa a Casa es una revista que presenta una presentación atractiva del evangelio y una introducción de su congregación a la comunidad. Las copias se personalizan en el anverso y el reverso con la información de su congregación y se envían por correo directamente a sus vecinos, o se le envían directamente a usted para que las comparta.

Obtenga más información en https://get.housetohouse.com/ o enviando un correo electrónico a matt@housetohouse.com